世界で初めて教育保険を誕生させ、
教保文庫・大山文化財団を創立した慎鏞虎

# 道がなければ道を切り拓きつつ行く

CUON

# 大《テ》山《サン》・慎《シン》鏞《ヨン》虎《ホ》の歩んだ道

# 大きな山の虎、慎鏞虎青年

鏞虎は全羅南道霊岩郡ソラン村の居昌慎氏の集姓村で父・慎礼範と母・柳毎順の間に6男中の5男として誕生した。20歳で独立することを決意し、17歳頃から〈千日読書〉と現場学習にいそしんだ。

音楽家だった3番目の兄鏞源（左）、保険に目を開かせてくれた4番目の兄鏞福（右）と。解放後、鏞虎は裸一貫で築いた財産を中国に残したまま帰国しなければならなかったが、この経験は民族資本家としての新たな未来を描く礎になった。

幼くして病魔と闘った鏞虎は故郷の月出山を眺めて健康の回復を祈り、
岩山の伝説と精気を心に刻みつつ大きな夢を抱いた。

解放後に帰国した鏞虎は国民教育と文化発展に寄与したいという志を抱き、民主文化社という出版社を設立した。1946年末、最初の出版物として、解放後の政局をリードし民衆から尊敬された呂運亨の伝記を刊行した。

# 世界初の教育保険を創案し教保生命を創立

家庭の事情で進学できない子供たちのために教育保険を創案した鏞虎は1958年8月7日に開業式を行い、大韓教育保険株式会社をスタートさせた。

ソウル市鍾路区鍾路1街60番地の2階建て本社で開かれた開業式は初代社長である鏞虎を含め役職員46名が出席し、希望に満ちた雰囲気の中で行われた。

ソウル市鍾路区鍾路1街60番地にあった大韓教育保険の最初の社屋。鏞虎は開業式で「25年以内にわが社を世界的な会社にしてソウルの一等地にいちばん立派な社屋を建てる」と約束した。

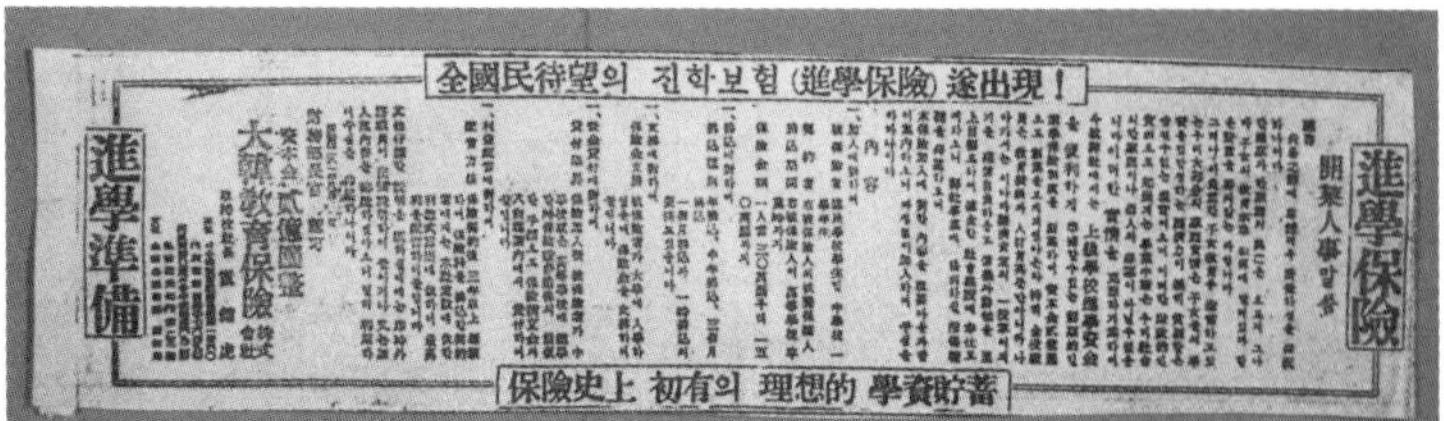
全國民待望의 진학보험(進學保險) 遂出現!

進學保險

開業人事말씀

大韓教育保險 株式會社

進學準備

保險史上 初有의 理想的 學資貯蓄

新聞に掲載された開業案内広告。世界的な保険会社を目指す長い旅程の第一歩を踏み出した大韓教育保険の最初の商品は〈進学保険〉だった。

1959年8月14日、鍾路の本社で開かれた第1回保険募集懸賞授賞式。創業初期の困難な状況の中で実施した保険募集懸賞制度は、職員の士気を高め大きな成果を挙げた。

1960年2月1日、第1回機関長会議。教育保険を初めて世に出した鏞虎は、本社と支社の実績を週単位で調べて陣頭指揮を執った。鏞虎は教育保険が子供の教育に希望をかける貧しい親たちにとって大きな助けになると確信していた。

1962年4月19日第4回徴収実務講習会。国民貯蓄組合法の制定によって保険会社が銀行と同等の貯蓄機関とされ、大韓教育保険は跳躍の契機を得た。

1963年1月15日の社内研修。鏞虎は常に職員に対して自らの人生観であり大韓教育保険の社訓である〈誠実〉を強調した。それは創立9年で会社を業界トップに押し上げる原動力となった。

大韓教育保険が業界トップに躍進し、鏞虎が理事会会長に就任した1967年、韓国は経済成長の希望に満ちていた。経済環境の変化に備えるべきだと見た鏞虎は1970年に〈第2の創社運動〉を宣言し、新たな未来に向けて変化と革新を推進した。

保有契約2千億ウォンを突破した1974年5月、5百名以上の役職員および全国の機関長が出席する中、〈大躍進総決起大会〉が開かれた。その席で鏞虎は「創立20周年までに経営全般にわたる大きな跳躍を成し遂げる」という〈第1次5カ年計画〉を発表した。

1975年1月10日、商品および機関の大型化を図る促進大会を開催した。会社の基礎を固めた鏞虎はこの年、会長を退いて名誉会長となった。

1985年11月7日、第1回年度大賞受賞者との懇談会。長期にわたって優秀な実績を上げた職員を優待し、彼らの収入増大を促進するために総合授賞制度を導入して毎年盛大に授賞式を開催した。

鏞虎は創立以来、蓄積してきた現場経営のノウハウと経営哲学を集大成した〈新しい経営〉を発表し、1987年6月から幹部や社員を対象に研修を実施した。

1995年4月3日、大韓教育保険創立37年で商号を教保生命に変更した。それは総合金融企業としての新たな企業イメージを打ち出し、急変する経営環境で市場の底辺を拡大する効果をもたらした。

# 大山・愼鏞虎の哲学と芸術愛が込められた建築物

大韓教育保険は〈第2の創社運動〉を本格的に推進した1970年初めから、社屋を建設すべく世宗路交差点一帯の土地買収に着手した。7年にわたる努力の末、1万243㎡の土地を確保した。

1976年5月初め、現代的なビルの設計では世界的な権威であるエール大学建築学部のシーザー・ペリー教授が新社屋の建築設計に着手した。

基本設計による施工は大宇開発が担当することになり、1977年10月21日、起工式と共に歴史的な工事が始まった。

工事は順調に進み1979年3月に上棟式を行った。建築は人々が鑑賞しながら使用する総合芸術だと考えていた鏞虎は、社屋に自分の建築哲学と大韓教育保険の経営理念を盛り込んだ。

今日부터 本新社屋에서 業務를 開始합니다
80.7.30

1980年、地下3階、地上22階、延べ面積9万4,810㎡の雄壮な社屋が完成し、本社を光化門に移転して7月30日から業務を開始した。鏞虎が開業式で約束した「25年以内にソウルの一等地にいちばん立派な社屋を建てる」という言葉は、22年後に実現した。

人材養成を重要視した鏞虎は、21世紀を率いる人材の養成および役職員の心身修練の場として、先端教育と研修のための施設を建設することにした。

1983年4月5日、啓性院起工式。鏞虎は人材養成が会社の将来を左右すると考え、「万物の道理を自ら悟って会得し、心の根本を新たにする」という意味を込めて研修所を啓性院と命名した。

土地を探し始めてから10年後の1987年6月1日に啓性院がオープンし、大韓教育保険は国内最高レベルの研修施設を所有することとなった。

白頭山から続く車嶺山脈の精気がこもった太祖山は、高麗の太祖が大きな夢を育んだ所だ。啓性院は太祖山のなだらかな稜線と調和するS字形に設計され、自然と建築物、人間が一つになるという理想を表現している。

オープン1カ月後の1987年7月7日、第23次国際保険会議ソウル総会第2次本会議が啓性院で開催された。施設を見学した世界保険業界のリーダーたちは、世界に誇れる研修所だと称賛した。

鏞虎は創立30周年を迎える教保生命のチャレンジ精神を象徴する芸術的建築物を江南に建てようと決心し、現代建築界の巨匠マリオ・ボッタに設計を依頼した。ボッタは建築や芸術に造詣の深い鏞虎の意見を採り入れて17回の修正を行い、江南教保タワーの最終設計図を完成させた。

2003年4月29日、地下8階、地上25階、延べ面積9万2,717.58㎡の江南教保タワーが竣工した。ツインビルを透明なガラスの橋で連結したタワーは江南のランドマークになった。

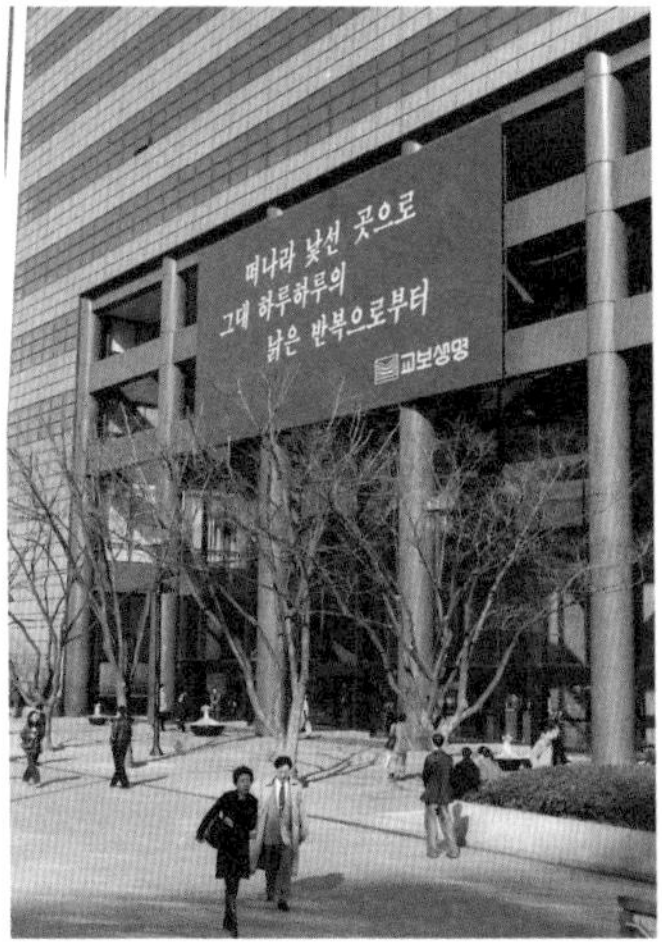


鏞虎のアイデアで、1991年から季節ごとに違う文章や絵を巨大な看板に掲げ、市民に勇気と希望を与えるメッセージを発信している。

2000年の春には高銀の詩「道」の一節「道がなければ道を切り拓きつつ行く／ここからが希望だ」が掲げられた。常に見知らぬ道を行く挑戦は鏞虎の人生であり、精神であった。

# 人は本をつくり本は人をつくる

1981年6月1日、教保文庫開業記念式でサムスングループ李秉喆会長を迎える鏞虎。鏞虎は教保生命ビル竣工前に地下空間の活用方法を考え、国家や社会、青少年の未来のための知識文化空間である大型書店・教保文庫を設立した。

収益を度外視して設立した教保文庫は、たちまち世宗路の名所となった。特に青少年や知識人から愛されて待ち合わせ場所にも使われ、知識と文化の広場として定着した。

鏞虎は大学や研究所、企業の研究活動の助けになるよう、輸入も販売も難しい外国書籍を果敢に輸入するよう命じた。創立1周年を迎えた1982年6月、外国書籍を販売する代表的書店としての位相を確立し、国内出版物の発展を図るために、各国大使館や海外の大学の協力を得て第1回世界大学出版図書展を開いた。

新刊が増え来店者数が増加して売り場の改修が必要になった。鏞虎は第2の創業をするつもりで1年以上かけて大々的な環境改善工事を行い、1992年5月30日、元の3倍の面積を持つ新しい教保文庫を再オープンした。

鏞虎のアイデアにより、新しくなった教保文庫の出入り口の壁にノーベル賞受賞者の肖像画を掲げた。本を愛する青少年に遠大な夢と希望を育んでもらいたいという願いが込められたものだ。

アジア通貨危機克服の知恵を書籍から得ようという趣旨で1998年5月に行われた国民読書キャンペーン〈本で開く世界〉に出席した鏞虎と金大中大統領。

農村と韓国文学、そして真の人間のための公益事業

鏞虎は創立理念を具現するため奨学事業と青少年支援事業を展開した。成績が優秀なのに学資を調達できない学生に奨学金を支給した大韓教育保険は、1965年文教部長官表彰を受けた。

1971年3月、奨学金を支給し、学生たちを激励する鏞虎。働きながら学び、学びながら働いて知識と実力を磨いた鏞虎は、教育に対する強い信念を持って国民教育振興と民族資本形成に邁進した。

1991年10月、大山農村財団創立総会に出席した鏞虎と柳泰永博士（右）。農村は暮らしの基礎であり農業は生命を守る産業であると信じた鏞虎は、韓国で初めて農村と農業を支援する公益財団を設立した。

大山文化財団創立理事会。1992年12月、鏞虎は民族文化育成と韓国文学の世界化を支援するために大山文化財団を創立した。大山文化財団は文学を集中的に支援し、体系的で専門性のある事業によって文化の発展をリードしたという点で、他の文化財団とは違っていた。

1998年7月22日、教保教育財団事務所開所式。鏞虎は1997年4月、3つ目の公益財団である教保教育財団を設立した。彼は、教育は国家発展の源泉であり民族の未来だと考え、青少年が人格と実力を備えた人材になることを願ってさまざまな教育事業を構想した。

読書人口の底辺を拡大し、大山文化財団を通じて韓国文学の発展と世界化に努めた功労が評価され、鏞虎は企業家として初めて、国民文化芸術の向上によって国家発展に寄与した人士に授与される最高の栄誉である金冠文化勲章を受章した。

1996年8月6日、金冠文化勲章受章式の後、李寿成国務総理（左から4人目）や文化体育部長官、教保生命役員らと記念撮影。

# 保険の偉大な師匠

〈第2の創社運動〉を準備していた鏞虎は1969年9月25日、保険人として初の国民勲章を受章した。政府は授勲理由として教育保険を創案したこと、家計貯蓄増大に寄与したことなど4つの功績を挙げた。

1976年、世界大学総長会議は、世界で初めて教育保険を開発し国民教育振興に寄与した功労を高く評価して鏞虎に王冠賞を授与した。最高の学術的権威を持つ機関が、保険業界より先に彼の業績を評価したのだ。

大韓教育保険創立25周年を迎えた1983年、鏞虎は世界保険大賞を受賞した。この賞は国際保険会議が世界的に保険産業発展に寄与し卓越した功績を立てた人士に授与するもので、保険界のノーベル章と呼ばれる。

世界保険大賞受賞の挨拶をする鏞虎夫妻。授賞式は1983年6月27日、シンガポールのシャングリラホテルで盛大に行われた。

THE UNIVERSITY OF ALABAMA
1831

Whereas the below named person
has provided valuable service to the insurance program
of this University
YONG HO SHIN
And whereas he has freely and graciously given of his time and talents
to the cause of insurance in this institution,
Therefore be it resolved that this individual is hereby named
INSURANCE MENTOR
In witness whereof we have set our hands
and caused the seal of The University of Alabama to be affixed
as of this date at Tuscaloosa, Alabama

1983年アラバマ大学から〈保険の偉大な師匠〉の称号が授与されたことを示す認定書。

アラバマ大学〈最高名誉教授〉称号授与式で、ジョン・ビクリー教授と共に。アラバマ大学は保険産業発展と国民福祉増進に寄与した功労で、1983年に〈保険の偉大な師匠〉、1994年には〈最高名誉教授〉の称号を鏞虎に授与した。これは、保険研究者の亀鑑となり世界的に尊敬される保険人に与えられる業界最高の名誉だ。

世界保険大賞受賞の13年後、鏞虎は国際保険会議の〈世界保険名誉の殿堂〉入りを果たし、保険界のノーベル賞と呼ばれる2つの賞を両方とも受賞する栄誉に浴した。1996年7月8日、オランダのアムステルダムで開かれた第32次国際保険会議定期総会には、長男である慎昌宰大山文化財団理事長が代理出席した。

〈世界保険名誉の殿堂〉入りを記念するメダル。受賞者はノーベル賞受賞者と同様にLaureateと呼ばれ、写真と功績、経営哲学が〈世界保険名誉の殿堂〉に永久保存される。

1996年6月、韓国経営史学会の第3回創業大賞を受賞した。これは韓国企業経営史の模範的哲学を持った創業者を対象に、韓国の事業および経済・社会発展に寄与した功績に優れ、社会公益的責務を果たした人士に授与されるものだ。

1996年、延世大学商経学部経営学科の学生が投票で選ぶ〈企業の社会的任務を遂行した、最も尊敬する企業人〉に選ばれ、第1回企業倫理大賞を受けた。授賞式の後、特別講義に出席した4百名以上の学生は、鏞虎の経営哲学に大きな拍手を送った。

2000年1月、アジア生産性機構（APO）がアジア・太平洋地域の生産性向上に大きく貢献した人物に授与するAPO国家賞を受賞した。韓国の企業家としては初の栄誉だ。

# 大山・慎鏞虎の友人たち

1980年、安養カントリークラブでサムスングループ李秉喆会長とゴルフをしながら談笑する鏞虎。鏞虎は、運動にもなり、きれいな空気を吸いながら山積した課題をゆっくり考えることができると言ってゴルフを愛好した。

1983年4月、長男愼昌宰の軍医官大尉任官式で、孫の重河と共に。鏞虎は息子がソウル大学医学部教授を務める医学博士であることを誇らしく思い、困難にぶつかった時には立派に成長した息子の姿に慰められた。そして1996年11月に入社して数年間の経営修業の後、教保生命会長に就任した昌宰に人生の知恵を伝授した。

鏞虎は社交にあまり関心を持たなかったが、〈七十知友会〉では企業家たちとの友情を築いた。〈七十知友会〉の会員は記念の額を製作して世界保険大賞受賞を祝ってくれた。

鏞虎は保険業界の人々と積極的に交流し、生命保険産業に関して広く意見を交換した。国際保険会議設立者ジョン・ビクリー会長とは特に親交が深かった。

長年の友人である月田・張遇聖画伯と歓談する鏞虎。本を愛し文学と芸術を愛した鏞虎は芸術的趣向の一致する芸術家たちと親しく交流した。

鏞虎は虚礼虚飾を嫌って還暦や喜寿の祝いはしなかったが、大手術の後、回復と傘寿を祝いたいという家族や会社役員の要望を受け、1996年9月23日に祝宴を開いた。張遇聖画伯、亶相鎬前体育部長官、国際保険会議関係者など財界、官界、学界、文化界の人士が出席した。

世界で初めて教育保険を誕生させ、
教保文庫・大山文化財団を創立した**慎鏞虎**

# 道がなければ道を切り拓きつつ行く

CUON

目次

## 第三部

## 大陸で咆哮《ほうこう》する若き事業家 83

# 第一部

## 光化門《クァンファムン》の真ん中に聳《そび》え立つ月出山《ウォルチュルサン》

## ◉二十二階建てを十七階建てにしろ

一九七九年は暗鬱な年明けを迎えた。政局は嵐の前夜のように不安定で、在野団体や学生たちが朴正熙《パクチョンヒ》大統領の長期政権と維新憲法に正面から対決していた。街は麗らかな春の日差しと花の香りに満ちているのに、人々は寒気を感じていた。それは唐代の詩人、東方虬《とうほうきゅう》の詩の一節「春来たれども春に似ず」という言葉を思わせた。しかし大韓教育保険（現、教保《キョボ》生命）が光化門《クァンファムン》広場前に建設中の社屋は暗雲を貫いて高く聳え立ち、行き交う人々はその威容を見上げながら通り過ぎた。

大韓教育保険の創業者であり会長である大山《テサン》・慎鏞虎《シンヨンホ》は朝から工事現場で作業を激励してから会賢洞《フェヒョンドン》のオフィスに戻った。二十二階まで伸びたビルの外装工事はもう最終段階に来ていて、鏞虎はもちろん工事現場の労働者までが完成の喜びに胸を膨らませていた。

鏞虎は書類を少し検討すると、ビルの鳥観図を見て回想にふけった。会社を設立した時に「二十五年以内にソウルの一等地にいちばん立派な社屋を建てる」と約束したことや、土地の購入、設計など、さまざま出来事が走馬灯のように脳裏をかすめた。窓に目をやると、夕闇の中に北岳山《プガクサン》の雄姿があった。その瞬間、鏞虎が常に胸に抱いていた月出山《ウォルチュルサン》も荘厳な姿を見せた。そう、月出山は彼の人生であり、夢だった。

月出山の麓に生まれ、月出山の風と森と渓谷の水で育った鏞虎にとって、月出山は故郷であり宇宙だった。ソウルの一等地にいちばん立派な社屋を建てるという夢は、胸に抱いていた月出山を出現させることにほかならない。鏞虎が造るもう一つの月出山は愛する職員たちの職場となり、大韓教育保険の加入者にとっても夢と文化の空間となるはずだ。鏞虎が胸の中の月出山を登っていた時、インターホンが静寂を破った。

「か、会長、青瓦台からお客さんです」

「青瓦台？　誰が来た？」

その時、重い足音がしていきなり部屋のドアが開き、いかつい男たちが入ってきた。秘書室の職員たちが慌てて後から入ってきた。黒いスーツの男たちは鏞虎に挨拶もせずソファに座った。尊大な態度が気に食わなかったものの、何の用だろうと思いながら丁重に迎えた。そのうちのボスらしい男が名刺を差し出した。青瓦台警護室の高位幹部だ。男は大声を張り上げた。

「お忙しいでしょうから、用件だけお話しします。社屋を十七階にして下さい。これは大統領閣下の警護に関わる問題です」

瞬間、鏞虎は耳を疑った。二十二階までできているのに十七階にしろだと？　豆腐じゃあるまいし、どうやって五階分切り取れと言うのだ。

「どういうことでしょう……。あのビルはちゃんと許可を得て……」

「会長、大統領閣下の警護に関わることなんですよ。それに、これは警護室長の特別な指示です」

「そうはいっても、建てる前におっしゃっていただけたならともかく……関連法に従って許可を受けて建てているのですから……」

「わが国屈指の保険会社を経営する方が、話の意味を理解できないはずはないでしょう……。ともかく、警護室長の指示ははっきり伝えましたよ。では、私たちはこれで。迅速に処置して下さい」

青天の霹靂のような宣言に、鏞虎は凍りついた。胸の中の月出山が音を立てて崩れた。窓の外の北岳山も闇に隠れてしまった。鏞虎はしばらくぼんやりしていた。子供の頃、腰の深さまで積もった雪をかき分けながらやっと捕まえたキジを逃してしまったことを思い出した。一日中、畑仕事と家事でくたびれた母にキジの肉を食べさせてあげようとしたのに逃してしまった瞬間、空全体が真っ黒に変わり、裏切られたような気持ちになった。

秘書室から連絡を受けた役員が、一人二人と会長室に入ってきた。突然、青瓦台から人が来たなら悪い話に違いないのだ。それもそのはず、当時、青瓦台から企業に非公式の訪問があれば用件は政治資金の要求か、そうでなければ人事や納品業者指定に関する圧力がほとんどだった。

役員たちは鏞虎の説明を聞いてうなだれた。政局も薄氷を踏むように危うかったが、わずか数年前に朴正熙大統領夫人が射殺されたのだから、大統領の警護を理由に建物を切れと言われれば切らなければいけない。特に、青瓦台警護室長の特別指示には逆らえない。当時の警護室長は〈小統領〉と呼ばれ、大統領に次ぐ権力を誇っていた。彼は青瓦台の国旗降納式に、長官たちは言うまでもなく、軍の将軍たちまで陪席させられるほど強大な権勢を振るっていた。この頃の権力者は、憲法にもお構いなく、すべて思い通りにできたのだ。それをよく知っていた役員一同はため息をつくばかりで、誰も口を開こうとしなかったが、やがて冷静さを取り戻すと、一日も早く設計を変更して十七階にすべきだと言い始めた。

「会長！　残念ですが、仕方ありません。青瓦台警護室ににらまれたら、会社をまともに運営することはできませんよ」

「五階分は、後でこの会賢洞《フェヒョンドン》に別館を建ててもいいではありませんか」

「それはいい考えだ。会長！　すぐ近くだし、ここに別館を建てましょう」

「どのみち十七階にしなければならないなら、一日も早く設計を変えて工事を終えるのがよろしいかと」

役員たちの話を黙って聞いていた鏞虎が、重い口を開いた。

「このことは当面、他言無用です。すべての問題は私に一任して下さい。解決するまで工事は中止して、いつまでになるかわからないけれど、工事が中断する間も労働者には日当を支払うように」

会長の決然とした態度を見て、役員一同は不安を感じた。会長は五階分を切り取る気がないらしい。小柄ながらも粘り強さと不屈の精神を持ち〈小さな巨人〉とあだ名される鏞虎は、決して本来の目標を修正しないだろう。青瓦台との摩擦が起こるのは必至で、会社の将来が心配にならないわけはない。役員は皆、暗い表情で席を立った。

彼らが出ていくと鏞虎は目を閉じて、どうしてこうなったのかを考えた。理由は二つに要約される。一つは教保生命ビルを建てている場所にホテルを建てろという政府の提案を拒絶したことだ。政府の高位官僚は、鏞虎がやっとのことで手に入れた土地にホテルを建てろと言ってきた。ソウルの中心街に外国人観光客向けのホテルが絶対的に不足していたし、国際会議のような大規模イベントを開ける空間がなかったからだ。政府は大韓教育保険が購入した土地に関心を持っていた。だが彼はきっぱり拒絶した。国事を論じる中央庁の真ん前に宿泊施設を造るのは、国家の尊厳を損なうことだと思った。

二つ目は、平素から政治家を敬遠してきた鏞虎や急成長した大韓教育保険をよく思わない人たちの介入だ。鏞虎は政治権力と企業が結託すると、結局は消費者に害が及ぶと信じていた。政権の庇護を受ければ一時的に企業を成長させることができても、それは蜃気楼のようなもので、後に企業の財政状況が悪化すれば消費者と国民に負担を負わせる結果になると思っていた。

もちろん他の理由も考えられたけれど、警護室長が主張する大統領の警護とは関係ないと判断した。青瓦台と教保生命ビルが隣接しているわけでもないし、一九七〇年には十九階建ての政府総合庁舎ができている。政府総合庁舎は地上八十四メートルで青瓦台のすぐ近くだ。政府総合庁舎より三階分だけ高く、青瓦台からの距離はずっと離れている教保生命ビルを、警護上の理由で低くしろと言われる筋合いはなかった。

原因はともかく、政権の権力者が介入してきたのだから困ったことには違いない。裸一貫で故郷を出て中国大陸を渡り歩き、故国が日本の植民地支配から解放された後も朝鮮戦争の混乱を生き延びた。そんなふうに何度倒れても起き上って今日の大韓教育保険を築いた彼が、役職員や会社の夢と希望の空間を放棄するわけにはいかない。

鏞虎は「指で生木に穴を開ける覚悟」という自分の口癖を思い出した。指で生木に穴を開けるのは不可能に思えるが、人の意志は不可能を可能にする偉大な力がある。だからこそ、泳げなかった母親が数十メートルを一気に泳いで溺れているわが子を助けるという奇跡が起こるのだ。鏞虎は自分と大韓教育保険の役職員の夢を守るために、指で生木に穴を開ける決心をした。それは絶対権力者との闘いだ。闘って勝ち取った物でなければ自分の物ではないという格言のとおり、企業も絶えず挑戦し闘いながら成長していくものだろう。鏞虎はいろいろな手段を駆使して警護室の考えを変えさせようとしたが、青瓦台の言うことには逆らえないという答えしか返ってこなかった。

（青瓦台が決めたことなら、大統領に直接訴えるしかない。それでも駄目なら？）

それでも駄目なら死ぬ覚悟で権力の不当性を告発しようと思った。企業が必死の努力でつくりあげた塔が、不当な力で崩されてはならない。特に大韓教育保険は単なる私企業ではなく、数百万人の加入者の財産で成り立っている。五階分を切り取るのは、加入者が会社と創立者である私を信じて預けた財産を守れなかったにも等しい。保険会社の最も重要な任務を放棄したも同然だ。設計を変更し、建物を切り取り、工事をやり直す損害は、結局は加入者に被害を及ぼす。ここで後に退けば、これからわが社と私は完全に信頼を失う。

会社を設立した二十五年前、職員たちの前で宣言した。「ソウルの一等地にいちばん立派な社屋を建てる」と。創立者が職員に対して最初に約束したことを守れないなら、これからは誰も自分についてこないだろう。どう考えてもビルを切り取ることはできない。それは顧客との約束を破り、会社の首を切り、自分の夢と希望、生命を削ることだという結論に達した。

(最後の賭けに出てみよう)

そう決心して、昔の儒者が王様に上訴文を差し出したような悲壮な心情で大統領に手紙を送った。儒者たちは死を命じられることも覚悟して為政者の過ちを正そうとしたではないか。

私は国の法に従って大韓教育保険株式会社を設立し、憲法に基づいた関連法令を少しも違えることなく国民教育振興と民族資本形成のために尽力してまいりました。閣下から何度も表彰状をいただきましたし、国民勲章をいただいたこともあります。

わが社の社屋は関係法にのっとって許可をいただき、法を遵守した工事を進め、現在、竣工を間近に控えております。しかし青瓦台警護室から二十二階建てビルを十七階にしろという指示が下されました。閣下の警護上、必要だそうです。建てる前に指示があったなら、私は必ずそれに従いました。しかし、ほとんど完成した今、法的に何ら問題のない建築物を五階分切り取れという命令を受けて暗澹とするばかりです。今になって建物を切れというのは、国家と大統領がつくった法を切れというのと同じだと思います。これは結果的に法を無視する行動を合法化させることになり、今後、似たような不法行為が乱発されても防ぐ名分がなくなります。

私はこの国と閣下、そして法の権威のためにも従うわけにはまいりません。私どもが合法的に建てた社屋を切れと言われるなら、ビルの代わりに死ぬ覚悟で立ち向かう所存です。

手紙を書いてしまうと、気が楽になった。全身の力が抜けたようでもあり、何か得体の知れない力が自分を包んでいるような、妙な感じだった。子供の頃、得体の知れない病魔に苦しみ、月出山が体の中に入ってくる夢を見て病床から起き上がった時のように全身が熱くなった。どんな困難にぶつかろうとも決して後悔しないと思った。超然とした気持ちで、朴正熙大統領に手紙を渡せる人に会った。普通に出せば大統領に届かないかもしれないからだ。直接手渡すようねんごろに頼み、鏞虎は光化門広場に向かった。

門を固く閉ざした工事現場を見て、もし大統領も意見を聞いてくれないならば、世宗路《セジョンノ》の交差点に内外の記者たちを集めて声明を発表しようと決心した。死ぬ覚悟で権力の不当性に抵抗すれば、社屋を切ったりはできないだろうと判断したのだ。自分を犠牲にしてでも社屋を守るという切迫した心情だった。

数日後、大統領に手紙を渡し、教保生命ビルや自分のことについて大統領と話し合ったと聞いた鏞虎は、会長室で結果を待った。口が乾いた。建物を切れという青瓦台の指示を無視して工事を中断したまま粘っている会長を見守る役員たちも、心労で疲れ果てていた。会長の無謀な行動が会社の運命を嵐の中に投げ出すのではないか。

息詰まる日々を送っていると、ビルを十七階建てにしろと言った青瓦台警護室の高位幹部が鏞虎を訪ねてきた。見た瞬間、どきっとした。彼は席に着くとすぐに、ぎこちない微笑を浮かべて謝罪した。

「閣下に叱られました。計画どおり社屋を建てて下さい。ご心配をかけて申し訳ない」

鏞虎は胸をなで下ろし、立ち上がって万歳を叫びたい衝動を抑えた。巨大な鉄壁が取り払われた。指で生木に穴を開ける執念と意志の力が、教保生命ビルを危機から救ったのだ。

そうした困難を何度も乗り越えた末、地上二十二階、地下三階、延べ面積二万七千七百六十五坪の社屋が完成した。教保生命ビルは韓国で初めて建物の柱をすべて円形にし、柱や壁のタイルの色を重厚な赤褐色にして安定感と親近感を強調した。

基本設計段階から自然と調和する建築哲学が反映された。ロビーのグリーンハウスは鏞虎が直接デザインし、中の植物も自分で選んだ。グリーンハウスは面積が三百坪あり、高さはビルの五階に達する。ここに儒者の志操を象徴する松竹梅蘭を始め、韓国原産の広葉樹や常緑樹など百五十種を植えて都心のビルの中で一年中、儒者精神と自然の緑を感じられるようにした。

完成してみると、南の地方でしか育たない竹の威容が目立った。彼は田舎の家近くにいっぱい生えていた竹を見ているようで嬉しかった。ちょうど吹いてきたそよ風で、社屋の世宗路側の中庭に植えたケヤキの緑の枝が揺れた。韓国各地に育つケヤキは村の入口で村を守り、休息場所を提供し、村人と喜びや悲しみを分かち合う木だった。鏞虎はこれらの木を〈民族樹〉と名づけた。

一九八一年六月一日、ついに社屋竣工式と教保文庫開業式が、国内外の有名人士と役職員が見守る中、盛大に挙行された。鏞虎は式を終え来客が帰った後、会長室の窓際に座った。

(創業式で職員と約束したとおり、会社を韓国最高の保険会社にして、ソウルの一等地にいちばん立派な社屋を建てた。職員と私自身に誓った約束を守ったのだ)

還暦を過ぎたばかりの鏞虎は、ようやく夢をかなえた。その夢は月出山のように雄大な姿で現れた。晴れ晴れしい気持ちで初夏の夕陽を浴びながら世宗路の十字路を行き交う人々を見下ろすと、人ごみの中に、月出山を力強く登る幼い日の彼がいた。そう、幼い鏞虎は夢と希望の舞台である教保生命ビルを見つめながら、力強い足取りでこちらに近づいてきていた。その瞬間、鏞虎の胸の奥に秘められていた月出山も、湧き上がるごとくに聳えようとしていた。

## ◉月出山の精気で生き返った少年

長い冬が過ぎ、野山に春の気配が漂い始めていた。数日前の雨で塀の外のレンギョウが黄色い花を咲かせ、村の外の広い畑に麦も青々と育っていた。病に苦しむ幼い鏞虎を黙って見守ってくれた月出山は雨で雲霧をさっぱりと洗い流し、手に取れそうなほど鮮明に見えた。

鏞虎は春の日差しが降り注ぐ板の間に座って月出山の荘厳な姿を眺めていた。長い間苦しんだ病気が嘘のように治って元気になり、食欲も回復していた。春の気配は、長い病気のトンネルを抜けた鏞虎の胸にも訪れていた。八歳から十歳まで三年間、鏞虎は何度も死の危険に遭い、村の大人たちも、あの子は助かりそうにないとささやき合っていた。鏞虎は人知れず涙を流しながら一日一日を耐えてきた。母はそんな鏞虎の青ざめた頬を手で包み、月出山の精気がお前を助けてくれるよと絶叫した。

数日間、昏睡状態だった鏞虎が荒い息をつきながら目覚めると、薬の鉢を運んできた母が鏞虎の手をぎゅっと握ってとめどなく涙を流した。

「車前草《しゃぜんそう》を煎じたよ。これを飲んで元気になりなさい」

道端の車前草を煎じて病気の子に与える母の心情は切実だった。貧しくて薬もろくに買えないのだ。根から葉が出る車前草は踏み潰されても生き返る強靭な雑草で、喘息にも効く。車前草の煎じ薬には、この草のように病魔に打ち勝ってほしいという母の願いがこもっていた。母の精いっぱいの看病を受けた鏞虎は、正月に突然高熱を出し、昏睡状態に陥った。

母はたんすの引き出しの奥深くにしまってあった漢方薬の袋を開いた。冬に針仕事で稼いだ金で買ったものだ。漢方医は、高麗人参といろいろな薬草の入った小児清心丸だ、重篤になったら飲ませろと言った。母は丸薬を水に溶かし、意識のない子供の口に、さじで少しずつ入れた。そして天地神明と月出山の神霊に祈った。母の誠意が天に通じたのか、鏞虎は寝返りを打った。横で見守っていた次男の鏞律《ヨンニュル》が弟の身体をマッサージした。

子供が生き返ったのを確認した母は台所に行った。台所の戸に錠をかけると、冬に汲んで甕に入れて取っておいた臘雪水《ろうせつすい》で、丁寧に身体を洗った。古来、朝鮮では雪が降ると銭が降ると言い、空いた器や布団カバーを庭に敷いて雪を集めた。冬には雪がよく降るけれど、冬至が過ぎて三回目の未《ひつじ》の日である臘日《ろうじつ》（元は冬至が過ぎて三回目の戌《いぬ》の日だったが、朝鮮王朝太祖の時代に変更された）に降る雪が最上のものとされた。これを臘雪と言い、溶けた水を臘雪水と呼ぶ。臘雪水で酒を造れば酸っぱくならず、お茶を淹れればいっそうおいしく、薬を煎じればよく効き、種を浸けて畑に蒔けば日照りに負けないと言われた。

臘雪水を大事に取っておいて子供の薬を煎じる時にだけ使っていた母がこの水で身体を洗ったのは、龍卵を取るためだ。正月の最初の辰《たつ》の日に、誰も汲んでいない井戸水を汲むのを〈卵汲み〉と言う。天の龍が降りてきて井戸に卵を産む日だから龍卵（井戸水）に龍の精気が入っていると信じられていた。

母は月光を浴びながら井戸に向かった。心を込めて龍卵を汲み、子供がその水を飲んで病魔に打ち勝つことを祈った。そのおかげか、峠を越した鏞虎は次第に顔色が良くなった。そしてすっかり春めいたある日、月出山が体の中に吸い込まれる夢を見ると、病床から起き上がった。

月出山には昔から特別な三つの峰があったそうだ。その峰の持つ神秘的な力によって山の麓に大人物が生まれ世を支配するという噂が海の向こうにまで伝わったために、中国から力の強い男たちが送り込まれて三つの峰を山の下に落とした。しかししばらくするとそのうちの一つが山の上に這い上がって峰の一つになった。そして山は海の波の力を受けて月を出す山、すなわち月出山になった。

大人たちからそうした伝説を聞かされた鏞虎は、寝ついていた三年の間、気を取り戻すごとに月出山を眺め、岩山の精気によって回復できるよう祈り続けた。そのせいか、鏞虎の胸にも神秘的な岩が聳え立ち、病気を治すことができた。

ようやく健康を取り戻した鏞虎は、もう月出山が見られなくなると思うと寂しかった。次兄夫婦だけが村に残って農業を続け、他の家族は父が木浦《モッポ》に見つけた新しい家に引っ越すことになったのだ。先祖代々数百年暮らした村を一家が追われるようにして出ることになったのは、抗日運動をしていた父と長兄が警察に監視されて村にいづらくなったせいだ。

韓日併合（一九一〇）で国権が奪われるまで、鏞虎の一族は全羅南道《チョルラナムド》霊岩郡《ヨンアムグン》徳津面《トクチンミョン》老松里《ノソンニ》の、俗に〈ソラン村〉と呼ばれる、居昌《コチャン》慎《シン》氏の集姓村（同姓の人々が集まって暮らす集落）で平和に暮らしていた。

成宗《ソンジョン》王の時代に鏞虎の十七代祖である通礼公《トンネゴン》・慎后庚《シンフギョン》が月出山の天旺峰《チョナンボン》が南に見えるソラン村に定着し、その曽孫である慎喜男《シンヒナム》は大科に及第して左承旨、江原《カンウォン》監察司、兵曹参議を歴任した。官職を失って都落ちしてからは詩と書道に専念して教育に力を尽くした。名筆として知られた石峰《ソクポン》・韓《ハン》濩《ホ》も教え、李珥《イイ》、鄭琢《チョンタク》など当代の巨儒らと交遊し、学問に精進して尊敬を受けた。

慎喜男の曽孫である天翊《チョンイク》・海翊《ヘイク》という双子の兄弟は大科に及第し、副提学、吏曹参判、春秋館記事官などの官職に就き、学徳を施して郷班《ヒャンバン》（何代も官吏を輩出できず、田舎に住んでいる両班《ヤンバン》）から敬われた。この双子には不思議なエピソードがある。両親の夢の中で鶏が二羽飛んできて両肩に止まり、一羽は空、一羽は海に飛んでいったので天翊・海翊と名づけたという。

代々学問を崇め道義を振興させた一族の伝統を記念するため粛宗《スクチョン》元年（一六七五）、湖南《ホナム》地方（全羅道）の儒者たちが永保祠《ヨンボサ》を建て、慎氏五賢である十四世参判公慎幾《ギ》、十六世進士公慎栄寿《ヨンス》、十八世慎喜男、二十一世慎天翊、慎海翊の位牌を祭った。その後に建てた松陽《ソンヤン》書院が儒学教育の場として有名になったために、永保祠は松陽祠と名を変えた。

鏞虎はこの松陽書院の隣の家で一九一七年八月十一日、父・慎礼範《イエボム》と母・柳毎順《ユメスン》の間に六男中の五男として生まれた。よちよち歩きを始めた頃から、天気が悪くない限り毎日書院の門前にある広い庭で、先祖の息遣いを感じながら遊んだ。しかし病魔に襲われてから三年間は、ほとんど書院の庭に行けなかった。時々次兄に負ぶわれて前を通ることもあったけれど、病んだ鏞虎の目に、楽しそうに遊ぶ子供たちの姿は遠いもののように映った。

鏞虎は庭に下り、松陽書院に向かって歩いた。最後にもう一度先祖の息遣いを感じながら書院の庭を歩いてみたかった。書院の前で子供たちが遊んでいた。鏞虎は扁額を見上げた。太い大きな字が生きて力強く動いているようだ。その字を見ていると、ふと、木浦で学校に通えるだろうかと心配になった。母は、木浦に行けば学校も近いから通わせてやると言ったけれど、なぜか不安だ。同い年の子たちはもう普通学校（日本の小学校に相当する初等教育のための学校。後に国民学校、初等学校と名称が変わる）四年生なのに、自分はこの年で入学できるのだろうか。

（学校に行けたら、どんなにいいだろう。一生懸命勉強して立派な人になって、お母さんを喜ばせられるのに……）

鏞虎はそんなことを思い、家に帰った。

母は、夫と長男が抗日運動に投身したせいで苦労の連続だった。二代続きの一人息子として誕生した父は幼い時から神童と言われ、一族の慎宗麟《ジョンニン》から漢学を教わり、早くから科挙を受けるつもりでひたすら勉強した。時代が変わって科挙が廃止されて落胆したものの、師匠の雅号からとった尊《チョン》心堂《シムダン》という学派に属して十六歳まで経書を耽読した。

だが世の変化を知った父は開化思想を受け入れ、霊岩で初めて断髪して新学問を学んだ。しかし朝鮮が日本に強制的に合併されてからは、夜学を開いて青年たちに民族意識を植え付けたり、湖南地方を回って日本人地主の収奪に抗議する小作争議を主導したりして、二度も投獄された。それからは要視察人物として日本の警察に追われる身になっていた。

長兄鏞国《ヨングク》も父の影響を受けて二十歳の時に三・一運動（一九一九年三月一日から約三カ月間にわたって朝鮮各地で発生した抗日・独立運動で、民衆が太極旗を振りながら「独立万歳」を叫んでデモ行進をしたもの。日本軍の過酷な弾圧によって多数の死者、負傷者を出して終わった）に参加し、湖南地方の抗日運動を率いて投獄された。出てきてからは監視を避けて他の地方を歩き回っていた。

十数年も夫と長男が相次いで投獄され要視察人物として追われていたので家計は常に苦しく、母の苦労は並大抵ではなかった。それにくわえて、刑事がしょっちゅうやってきて夫や長男の居場所を言えと脅迫し、農業をしていた次男鏞律を連行して抗日運動家の家族だという理由で拷問した。学費もろくに持たないで日本に留学した三男鏞源《ヨンウォン》や普通学校を卒業して家を出た四男鏞福《ヨンボク》も心配だった。それにくわえて生死の境をさまよう鏞虎の看病で、母はいっときも気の休まる時がなかった。幸い鏞虎は回復し、末っ子の鏞羲《ヨンヒ》もすくすくと育ってくれたので、ようやく一息ついた。

母は、日本が国を奪いさえしなければ、六人兄弟の母、両班家の夫人として豊かで平穏に暮らせたはずだ。粛宗の時代に領議政を務めた柳尚運《サンウン》の子孫が住む文化《ムナ》柳氏の集姓村で生まれた母は、伝統的な婦徳を積んだ女性だった。

客地を転々としながらも常に妻に対して申し訳ないと思っていた礼範は、次男鏞律夫婦だけを村に残して農業をさせ、鏞虎と鏞羲は学校に通わせるために妻と共に木浦へ移らせることにした。彼は友人の紹介で、下宿屋を営める家を借りていた。鏞虎が松陽書院から戻ってみると、母が引っ越し荷物をまとめていた。

「木浦で下宿屋をやれば食べていけるとはいうものの、住み慣れた家を出てゆくなんて」

母はそうつぶやいたが、鏞虎は学校に行けると思うと胸が高鳴った。

## ◉挫折した普通学校入学

引っ越した家は儒達山《ユダルサン》の東の北橋洞《プクキョドン》にあった。木浦は一八九七年に開港する前まで儒達山の麓に農漁民の家が五、六十軒あるだけの、のどかな村だった。しかし開港と同時に日本人や中国人が押し寄せ、日本が植民地経営の一環として木浦まで鉄道を引くと急激に都市化して、鏞虎の家族が引っ越した一九二〇年代後半には人口も約五万人に増えて六大都市の一つとなった。学校も木浦公立普通学校（現、北橋初等学校）と永興《ヨンフン》学校（現、永興高校）、木浦公立商業学校（現、木商《モクサン》高校）があり、普通学校に通うのに二里歩かなければならない故郷とは比べものにならないほど教育環境は良かった。

引っ越した後、弟の鏞羲は家に近い木浦公立普通学校に入った。ちょうど就学年齢の八歳だったので難なく入学できた。しかし就学年齢を四年も過ぎた鏞虎の入学は断られ、鏞虎の期待は水泡と帰した。

普通学校は全国の面《ミョン》（地方の行政単位の一つ）所在地ごとに一つぐらいの割合で設置され、月謝金という名の授業料を納めた。貧しい家の子はお金が出せないので農村の学校は定員に満たないことが多く、就学年齢を過ぎても入れた。そのため田舎の普通学校は早婚した十五、六歳の子も通っていたのだが、人口が急増した木浦は違った。父は鏞虎を入学させようと努力したものの、無駄だった。

定員をオーバーしていて就学年齢の子供すら断る有様だったから、鏞虎のような子は入学させられないということだった。

「教頭先生のところに行って頼んだけど、年齢が過ぎていて駄目だというから、どうしようもない」

父からそう聞かされた瞬間、鏞虎は絶望のどん底に落とされた。学校に行ける日を指折り数えて待っていたのに、その夢が消えるとは。信じたくなかった。しばらく一人で泣き続け、外に出て見知らぬ街を歩き回ったりした。

鏞虎の入学は失敗したけれど、下宿屋を開く準備は父の計画どおり順調に進んだ。木浦公立商業高校には湖南各地から普通学校を卒業した秀才が集まった。この学校に入学した朝鮮人学生は裕福な家庭の子弟で、たいてい下宿していた。新学期前に数カ所の不動産屋に頼んでおいたので四部屋はすぐに入居者が決まった。六部屋のうち家族が使う二部屋以外はすべて下宿生を入れ、引っ越して数カ月で暮らしは安定した。

とはいえ下宿屋も大変な仕事だ。鏞虎の目には、母は故郷にいた時と同じぐらい苦労しているように見えた。鏞虎は普通学校に入れなくて暗澹としていたけれど、母の苦労に見て見ぬふりをするわけにもいかず、せっせと家の仕事を手伝った。そうしているうち、長患いをしていたとは思えないほど健康な少年になっていた。病気をしている時にちゃんと栄養が摂れなかったせいで、ちょっと背が低いだけだ。健康な肉体に健康な精神が宿ると言う言葉どおり、気力が充実してくると、鏞虎は自分の将来が心配になってきた。だが、幼い彼はどこでどう希望を見つけるべきか見当もつかなかった。

下宿生は七人で、すべて木浦公立商業学校の学生だった。鏞虎より年上の彼らは学校に通えない鏞虎に同情してくれたけれど、鏞虎としてはあまり嬉しくなかった。朝早く制服を着て登校する彼らの元気な様子を見るたび、自分が異邦人のように疎外されている気がした。

そんなある日曜日、五年生の学生が鏞虎を散歩に誘った。下宿生の中で最年長でもあり、普段から鏞虎に優しくしてくれた彼について、儒達山の露積峰《ノジョクポン》に向かった。多島海が見渡せる所に来ると、彼は腰を下ろし、鏞虎を横に座らせた。

「鏞虎、多島海はいつ見ても美しいだろ。いらいらする時にはここに来て、海を眺めながら気を落ち着けて、将来のことを考えてみろよ」

黙って海を見ていた彼が、振り向いて鏞虎に言った。

「今のお前の気持ちはよくわかる。みんなが学校に行ってるのに家にいるなんてつらいだろう。だけど、運命は誰のせいでもない。小さい時に重い病気をしたせいだと、おばさんから聞いたよ。取り返せない運命を怨むのではなく、今の立場でどうすればいいかを考えなければならないよ」

突然そんなことを言われてどぎまぎしたけれど、胸の中にわだかまっていたものを取り除けるかもしれないと思って緊張した。

「今日誘ったのは、お前がまだ何をしていいのか決められずにいるように見えたからだ。お前は知らないかもしれないが、世の中には普通学校を卒業していなくても大成功した人はいくらでもいるんだぞ」

彼はしばらく黙って遠くの海を眺めた。

「あの海の向こうのアメリカという国には、そんな立派な人がいっぱいいるそうだ。奴隷を解放したリンカーン大統領も貧しくてろくに学校にも通えなかったし、世界的な鉄鋼王カーネギーも貧乏でまともな教育を受けられなかった。だけどリンカーンもカーネギーも子供の時から働きながらっせと本を読んで、学校に通った人よりも教養があったそうだ」

「でも、僕はどうにか文字が読めるだけだから……」

「学校に行かなくても、やる気さえあれば勉強はできる。まず朝鮮語と漢文を勉強しなければいけないが、それだけでは駄目だ。今は日本の植民地で倭奴《ウェノム》（日本人を意味する卑称）の世の中だから、いやでも日本語を習わないといけない。まず、弟の普通学校一年生の教科書で朝鮮語と日本語、それから算数の本を借りて、読んだり書いたり意味を覚えたりしてみろ。そうやって六年生の教科書まで全部勉強すれば、普通学校卒業の実力がつく。その後は試験を受けて中学校に入ったり、会社に就職したりできる。独学は簡単ではないけれど……わからないところがあれば、いつでも教えてやるよ」

山を下りながら、鏞虎は彼の言うことは正しいと思った。学校に行けないなら独学なりともすべきだと思ってはいたけれど、何から始めればいいのか迷っていたところだった。しかし道は身近な所にあると思うと、気持ちがすっきりした。

## ◉独学で身につけた実力

（そうだ、独学するんだ。努力すれば学校に行っている子たちよりも早く、たくさん勉強することもできるじゃないか）

鏞虎は家に帰るとすぐ弟の教科書を出してみた。普通学校入学を断られて以来、一度も見せたことのないような気力がみなぎっていた。その日から鏞虎は普通学校一年生の教科書に取り組み始めた。当然、弟と本の取り合いになった。鏞義は分別がないから兄に教科書を貸そうとはせず、鏞虎はそんな弟をなだめるのに必死だった。大声でけんかすることもあった。

後に大韓教育保険に入社して鏞虎を助け、会長にまでなった鏞義は、この頃のことを回想しながら、兄を傷つけて申し訳なかったと言った。しかし、この問題はすぐに解決した。母が一年生の教科書を手に入れてくれたからだ。自分専用の教科書が手に入ると、鏞虎は母の手伝いをする以外はひたすら勉強した。わからない問題があれば下宿生たちに聞いた。

独学を初めて三年後、鏞虎は普通学校卒業レベルの実力を身につけ、漢文も『千字文』を朝鮮語と日本語で読んで理解できるようになった。

自信ができると、より高いレベルの勉強をしたくなって中学校課程の独学を始めた。鏞虎は下宿生が入手してくれた使い古しの教科書で商業学校の教科課程を一年生から順番に読み始めた。数学や英語は独学では難しそうなので、朝鮮語、日本語、歴史、地理、修身、商業だけを勉強した。いっぽうでは教養書を借りて読み、新聞もじっくり読むことにした。

下宿生はそれぞれ別の新聞を購読して交換しながら読んでいたので、当時発行されていた朝鮮日報、東亜日報はもちろん、日本語の新聞も読むことができた。

この時、東亜日報に連載されていた李光洙《イグァンス》の朝鮮語小説『李舜臣《イスンシン》』を初めて読んだ。小説に描写された李舜臣将軍の活躍や愛国精神に感激し、儒達山に登って将軍の戦績地である木浦沖の高下島《コハド》や達里島《タルリド》を見ながら感傷にふけったりもした。そして倭奴を追い出すために抗日運動をして投獄された父と長兄を、初めて誇らしいと思った。これまで鏞虎は母の苦労を見て、客地をさすらっている父と長兄に反感を抱いていたのだ。

新聞に連載された小説との出合いを機に、沈熏《シムフン》の『常緑樹』、洪命熹《ホンミョンヒ》の『林巨正《イムコクチョン》』、さらに日本語の世界文学全集を読んで文学に憧れ、いっそう意欲的に読書をするようになった。努力を続けた結果、十六歳になった鏞虎は朝鮮語、日本語、商業、歴史、地理において商業学校三年生レベルの実力を備えたと自負するようになった。だが、単に自分がうぬぼれているだけかもしれないので、客観的に検証してみたいと思った。

下宿生の中でも優秀で真面目で、鏞虎と仲の良かったカン・イルグが、思いがけずその願いをかなえてくれた。木浦公立商業学校三年生の彼は、帰宅するとすぐに鏞虎を呼んだ。

「鏞虎！ お前、試験を受けてみるか？」

「何の試験？」

「今日、期末試験の後で先生にお前の話をして、自分の実力を測りたがっていると言ったら、学校に連れてこいと言ってくれたんだ。試験を受けに行ってみないか」

「学校で試験が受けられるの？」

「そうだ。早く行こう。先生が待ってる」

イルグについて商業学校の校庭に入った鏞虎は、緊張で手に汗がにじんだ。試験が終わったのに、学生たちは学校に残って勉強していた。イルグの担任の先生は意外に若かった。

「話は聞いたよ。独学でどの程度の実力がついたのか、試してみたいそうだね」

「そうです」

「実際に使った試験用紙をあげるから、やってごらん」

生まれて初めて教室で受ける試験に緊張したけれど、問題を一つ一つ解いていると、自分がこの学校の学生になったような気がした。一科目終わるごとに先生が採点してくれた。英語と数学以外の六科目を終えた鏞虎は、緊張と期待で身体が震えた。

「思ったとおりだ。イルグから話を聞いた時、奇特だと思ったが……。六科目すべて優秀な成績だよ。これならうちの学生たちと比べてもトップクラスだ」

「本当ですか。鏞虎の実力は、ほんとうにそんなにすごいのですか」

「ああ。独学でこれぐらいできるなら、忍耐心と意志が強いということだ。君はいい友達を持ってるね」

イルグは鏞虎の成績に驚き、自分のことのように喜んだ。鏞虎本人は採点の結果を聞いて泣きそうになり、口がきけなかった。数年間の努力が実ったのだ。

（お母さんが聞いたらさぞかし喜ぶだろう）

思いにふけっていた鏞虎に、先生が優しく言った。

「慎鏞虎君だったね。これからもっと一生懸命勉強しなさい。英語と数学が問題だが、君ならじゅうぶんに克服できるよ」

独学の結果が期待以上だったので、鏞虎は自信を持った。家族も喜んでくれた。母が喜んだのは言うまでもなく、時々家に立ち寄る父も満足そうだった。音楽家を夢見て東京で苦学しながら音楽学校に通う三番目の兄鏞源も、激励の手紙と本を送ってくれた。こうして勉強に対する意欲が増した鏞虎は、いっそう努力することを誓った。

### ◉本が人をつくる

この頃から鏞虎は独立を考え始めた。これだけの実力があれば今すぐ社会に出ても、肉体労働以外の仕事で食べていける。しかし四十代後半になった母が苦労して下宿をやっているのだから、二十歳になってから家を出ようと決心した。数え二十歳になるまで一千日ほどあった。独立までの一千日に、何をどう学ぶべきかを考えた。まず商業学校四、五年生の課程を終え、できるだけたくさん本を読み、社会について生きた勉強をしなければならないと思って細かい計画を立てた。

商業学校四、五年生の課程はイルグが学校で習う進度に従って勉強し、彼が卒業する時に一緒に終えることにした。次に〈千日読書〉と称して十日に一冊、一千日のうちに少なくとも百冊以上は本を読むと決めた。本は借りたらすぐ読んで返さないといけないので、時間がかかっても精読して内容を完全に消化し、必ず感想をメモする。社会生活の知恵と実力を蓄積するための〈現場学習〉は、散歩コースを毎回変え、市場や埠頭、官公署を回って木浦の社会を間接的に経験することにした。できるだけたくさん見たり聞いたり人と話したりしながら現実の社会についてさまざまなことを学び、経験しようと思った。

計画ができると、一日に四時間以上眠らないことに決めた。寝たり遊んだりする時間を人より少なくしてこそ成功できると考え、三つの課題を実践することに情熱を注いだ。

そんな鏞虎を、下宿生たちは〈本の虫〉と呼んだ。この頃読んだのは、ほとんど日本語の本だ。朝鮮語の本は小説、雑誌、新聞ぐらいで、学術書はあまりなかったのだ。本は下宿生たちの蔵書を借りれば足りた。下宿生の大部分は田舎の地主の息子で、好きなだけ本が買えた。上級生はひと月に一、二冊本を買うから、読み終わった本を借りて読んだ。

〈千日読書〉を始めると、下宿生たちが鏞虎に興味を持ち出した。彼らは睡眠時間を削り、徹夜をすることも珍しくない鏞虎の学習熱と読書量に驚いた。借りた本を返す時にはもう全部読んだのかと聞き、本の内容について真剣に議論しようと提案してくることもあった。鏞虎と下宿生たちが夜遅くまで議論することが増えた。

家の用事が済むと、鏞虎は図書館に向かった。木浦には図書館が一つあった。開港と同時に木浦に定着した日本人はロシア式の美しい建物を建てて一九一〇年から木浦文庫を運営し、一九二八年からは拡張して木浦府立図書館とした。日本人がたくさん住んでいたので日本で発行される新刊書も、ここでは簡単に借りられた。

鏞虎は何かに取り憑かれたように読書に没頭した。中でもヘレン・ケラーの伝記は鏞虎の人生航路の灯台になった。生後十九カ月で熱病にかかって目と耳の機能を失ったヘレン・ケラーは闇と沈黙の世界に捨てられたけれど、家庭教師サリバン先生と出会って身体障碍を克服し、視覚と聴覚の重複障碍を持つ人としては世界で初めて大学教育を受けた。その話を読んだ鏞虎は、自分にはサリバン先生はいないけれど目と耳があるのだから何でもできると自分に言い聞かせた。ヘレン・ケラーの影響がいかに大きかったかは、後に韓国保険業界の重鎮となった彼が、よく社員たちに「三日だけ視力を与えられたつもりで、世の中を見る目を有用に使いなさい」と訓戒していたことからもわかる。

次に鏞虎の気持ちを奮い立たせた本は『カーネギー自伝』だ。鏞虎はこの本によって初めて事業家とはどういうものかを理解した。そして下宿生たちが勧める『罪と罰』や『緋文字』など日本語版世界文学全集の名作を読んで感銘を受け、将来文学者になろうとも思った。

千日読書での幅広い読書体験を通じて鏞虎は、人生最高の師は本であり、本が人をつくるという真理を悟った。それは後に教育や文化事業に生涯を捧げる契機となった。

## ◉世の中が人をつくる

〈千日読書〉と共に〈現場学習〉は、世の中を理解するための貴重なプログラムだった。学校を卒業すれば、世間の事情に疎くても社会は受け入れてくれる。学生の間は勉強さえちゃんとしていればいいと考えるからだ。しかし学校にも行っていない若者が社会に出た時に世間知らずであったなら、今まで何をしていたのだと馬鹿にされるだろうと思った。だから社会に出る前に各分野の実情を把握し、さまざまな階層の人たちがどういうふうに暮らしているのか知っておかなければならない。そうすれば社会生活にも早く適応できて正しい判断や行動ができるだろう。

鏞虎は木浦の中心街を注意深く観察しながら歩き始めた。南橋洞《ナムギョドン》市場など朝鮮人の商人が経営する商業地区はもちろんのこと、日本人が運営する埠頭の税関や港湾管理所、荷下ろし場、魚のせり市など、すべての機関と施設を歩き、何が行われているのかを調べた。あれこれ尋ねてうるさがられることも、しょっちゅうだった。それほど積極的に見学した。

木浦経済を支えているのは港だった。日本から工業製品が港に入って内陸に運ばれ、米や綿花が絶えず日本に運び出されていた。日本に農地を収奪された貧しい人々は生存のために埠頭に来て労働していた。陰と陽が共存する木浦をじっくり観察したり体験したりして三年も経つと木浦市内のすべてが自分の分身のように感じられ、あちこちで行われる各種の取引はもちろん、仕事の内容や理屈もわかるような気がした。

「読書百遍、意自ずから通ず」というのと同様、事物も繰り返し観察し、体験すればその成り立ちやり方がわかってくるということを、鏞虎は自分の考えた〈現場学習〉を通じて会得した。現場学習は、独立した直後にずいぶん役立った。ものごとに対する直感と判断力は京城《けいじょう》（現、ソウル）や中国で人々から信任を受けるのに決定的な役割を果たした。

独学と千日読書、現場学習に勤しんだ木浦での十年間は、苦しみの日々でありながらも学究と探究への情熱が燃える溶鉱炉の時代であり、社会に出るための基礎となった。

自らに課した課題を終えた鏞虎は二十歳の正月を迎えた。希望に溢れて新年を迎えたのは初めてだ。課題をこなしながら将来社会に出て何をすべきか考え、いつの間にかしっかりとした計画と夢を持つようになっていた。

それは事業家になることだ。五十近い母が下宿生の世話をして暮らしている現実が、息子として耐えがたかった。父と長兄が家庭を顧みないせいで常に困窮していたために、自然とそんな夢が芽生えた。就職する気はなかった。普通学校の卒業証書すらない彼を、ちゃんとした会社が採用してくれるはずがない。自分は商売をする運命だと思った。それには鉄鋼王カーネギーの『カーネギー自伝』や『富の福音』の影響も大きかった。

貧しい織物工である父について幼い頃アメリカに移民し、小学校も通えず苦労した末にアメリカ最大の鉄鋼会社の社長となり、晩年には会社を売却してつくった三億五千万ドルの全財産を、カーネギーホール建設やカーネギー工科大学設立など教育文化事業の基金として社会に還元したカーネギーの一生に感動した。それでカーネギーのように金儲けをして、祖国に教育文化事業を興すことを夢見た。

希望の新年に、事業家になるための第一歩をどう踏み出すかをじっくり考えた。カーネギーのように無一文から始めるほかはない。家の事情からして、交通費ぐらいはもらえるだろうが、それ以上の助けは期待できない。鏞虎は陰暦の正月を過ごし、独立するにしてもいったん京城に行こうと思った。京城は大都市だから学ぶべきことがたくさんあるはずだ。そしてチャンスがあれば京城から大陸に行こう。事業の舞台を中国に定めたのは理由がある。国共内戦と日本の侵略という激動の波に呑まれた広大な中国こそは、挑戦すべきチャンスの地であるような気がした。安定した社会は貧しい青年にチャンスを与えてくれないけれど、不安定な社会は危険なだけにチャンスをつかみやすい。それに愛国の志士が満州（中国東北部）や中国にたくさんいて、生業に従事しながら独立運動をしているということも、大陸に行こうという考えを後押しした。

いったん京城に行って世の中をもう少し学びながら中国に対する最新の情報を収集し、渡航費用をつくることにした。具体的な計画を立てる間、陰暦の正月に帰宅した父に、社会に出て自立したいという意思をおずおずと明かした。

父は驚いた。

「どこでどうやって自立するというのだ」

「ひとまず京城にいって仕事を探してみます。ずっと前から、二十歳になったら自立しようと決心して計画していました」

だが父は首を縦に振らなかった。

「自立するならある程度の準備が必要だ。いきなり京城に行って何をどうするというのだ。まず木浦で就職して仕事を覚えながらゆっくり計画しなさい」

横で聞いていた母も大反対だった。病気で普通学校にも通えず苦労して独学した息子のことを人一倍心配していた母は、絶対に駄目だ、夢にもそんなことは考えるなと繰り返した。その日の夕方、鏞虎は何とか両親を説得しようと試みたけれど徒労に終わった。家族に見送られて家を出ることはできそうにない。簡単には許してくれないだろうと予想していたものの、いざ強硬な反対に遭うと、ひどく気落ちした。

しかし永らく準備して待ち望んだ計画を諦めることはできない。幸い鏞虎には節約して貯めていたお金があった。京城で二、三カ月は安い下宿で暮らせる。いつでも家を出られるよう、三番目の兄と親しく、時々父に手紙を送ってくる親戚の慎甲範《シンガッポム》の住所も書き留めてあった。数日間ろくに寝ずに悩んだあげく、鏞虎は両親に黙って京城に行く日を決めた。申し訳ないとは思ったけれど、これ以上ぐずぐずしているわけにはいかない。

出発日は、冬の寒さを耐えた木々が花を咲かせる三月上旬だった。朝早く木浦駅に行って京城行き夜行列車の切符を買った。初めて行くのだから夜遅く着くと何かと大変だろうと思い、朝到着する汽車に乗ることにしたのだ。その日の夕方、普段と同じように母のご飯を食べながら、喉が詰まりそうになるのをかろうじてこらえた。食事を終えた後、ちょっと用事があって出かけるが、帰りは遅くなるから待たないでくれと母に言った。よくあることなので、母は少しも疑わなかった。

部屋に戻った鏞虎は、あらかじめ書いておいた手紙を机の上に置き、手早く荷物をまとめた。そして静かに戸を開け、外に出て母のいる部屋の前に行った。母と弟が話す声が聞こえた。鏞虎は中庭で、母のいる部屋にむかってクンジョル（目上の人に対して行う丁寧なお辞儀。男性の場合は膝を折って両手を床に当て、頭を下げて額を手の甲に近づける）をした。今度いつ会えるかわからない母に捧げる、別れの挨拶だった。

（お母さん、さようなら。お父さんにもよろしく。必ず成功して、喜んでもらえるようになります。その時まで、身体に気をつけて）

心の中で挨拶する鏞虎の目に涙が溢れた。

駅に到着すると、改札が始まっていた。鏞虎は急いで出札口を通り、京城行きの汽車に乗った。汽笛が鳴り響くと、汽車はプラットホームを抜け、月光を浴びながら北に走り始めた。

# 第二部
# 青雲の志を抱いて

## ◉一歩先んじてこそ

一九七八年、創立二十周年をむかえた大韓教育保険は二重の喜びに沸いた。オイルショックの中でも保有契約高一兆ウォンを達成しただけではなく、韓国生命保険史上初めて三大利益黒字経営の時代を開いたのだ。保険業の三大利益とは営業と費用管理など経営全般で上げる利益のことだ。保険業が発達している先進国の大手保険会社ですら五十年はかかるようなことを、鏞虎率いる大韓教育保険がわずか二十年で成し遂げたのだから、喜びはひとしおだった。

朝鮮戦争の廃虚から出発し、政治や経済の荒波を越えて得た成果なので、いっそう貴重だった。鏞虎は大韓教育保険の創立理念を信じてくれた顧客と職員に深く感謝した。彼は不平も言わずについてきてくれた職員らに、自分が結んでいたネクタイを贈って信頼のメッセージを送った。美的感覚に優れた鏞虎は、よく自分で選んだネクタイや洋服を職員らにプレゼントした。それは、自分たちはみな家族であり保険業における同志であるということの表現だった。

保有契約高一兆ウォンと黒字経営という二兎を得た大韓教育保険は二十一世紀に向かって順調に漕ぎ出していた。鏞虎は会社の未来を構想しながら、船長としての役割に情熱を捧げた。

二〇〇〇年正月、教保生命ビルに、「道がなければ道を切り拓《ひら》きつつ行く／ここからが希望だ」という高銀《コウン》の詩の一節が掲げられた。往来する人々は名物となった看板を見ながら、それぞれ希望に満ちた新年を迎えた。教保生命は言葉によって市民に夢と希望のメッセージを伝えていた。

教保生命ビルが完成した時、鏞虎は、昔はどの家にもあった柱聯《ちゅうれん》を思い出した。先祖たちは立派な屋敷でも、わらぶきの家でも、漢文や漢詩の一部を丁寧に筆で書いて柱に貼り、主の人柄と志を表現したものだ。多くの建物が広告の垂れ幕や看板を出していた時、教保生命ビルの看板は新鮮な衝撃を与えた。文章は、各界の人士で構成された文案選定委員会が選んだ。鏞虎は時々、選定委員会に自分の考えた文章を送った。主に人生経験によって得た知恵や、韓国の未来に向けた願いが込められた言葉だ。鏞虎は出勤するたびに教保生命ビルを眺め、自然に目に入る文章を読んだ。ふと、道がない時には道をつくりながら世間の荒波を乗り越えてきた過ぎし日を思い浮かべた。家出して、知らない世界に足を踏み入れた日のことを。

一九三六年三月ののどかな春の日の朝、鏞虎は湖南線の鈍行列車を降りた。駅の広場に出ると、丹《タン》青《チョン》〔寺院などの建物に描かれる色とりどりの模様〕に彩られた南大門が彼を迎えた。鏞虎は南大門に向かって胸を広げて深呼吸した。まぶしい朝の日差しを浴びながら思い切り吸い込んだ京城の朝の空気が、夜どおし列車に揺られてくたびれた身体に活気を吹き込んだ。待ち望んでいた自立の第一歩を踏み出した。初めての場所で独りぼっちだったけれど、寂しくも怖くもない。これから独力で人生を開拓し、創造してゆくのだと思うと胸がいっぱいになり、闘志がみなぎった。

鏞虎は南大門に向かって歩きだした。まず下宿を決めよう。下宿が決まったら南山《ナムサン》に登ろう。南山の頂上から京城市内を眺めた後に街を見るのがいいと思った。森を歩くには、方向もわからないまま歩くよりも、まず高い所から森の全体を見渡し、地形の高低や東西南北の見当をつけた後に森に入るのが賢明だ。

南大門停留所で孝子町（現、孝子洞《ヒョジャドン》）行きの路面電車に乗ったのは、慎甲範がそこに住んでいるからだ。直接会ったことはなかったけれど、親戚のおじさんの家の近所に下宿するのが何かといいだろうし、おじさんに挨拶してから家に手紙を送れば両親の怒りも治まり、安心するだろう。鏞虎は仁王山《イナンサン》の麓の孝子町のはずれに下宿することにした。部屋に荷物を置き、さっぱりした気持ちで再び南大門に行って朝食と昼食を兼ねてクッパを食べ、南山に登った。まだ新芽が出る前で、木で視野を遮られることがなかったのですんなり登れた。頂上から、真昼の都市が手に取るようにはっきりと見えた。

額の汗を拭いながらゆっくり四方を見渡すと北には、すぐ近くに北漢山《プッカンサン》と道峰山《トボンサン》の峰が雄壮に聳え立っており、南には漢江《ハンガン》が日光を反射して光っていた。そして五百年もの間、風霜に耐えてきた朝鮮の首都の姿が、絵のように広がっていた。鏞虎は京城地図を取り出し、南大門から北側の総督府庁舎に続く南大門通り（現、南大門路《ナムデムンロ》）と光化門通り、東西にのびて東大門《トンデムン》に至る鍾路《チョンノ》通りと黄金町通り（現、乙支路《ウルチロ》）、そして南山の麓にある日本人居住地と本町通り（現、忠武路《チュンムロ》一、二街）の場所を順に確認した。南大門から和信《ファシン》百貨店に行く南大門通りなど広い通りに大きなビルがあり、鍾路通りと光化門通りには路面電車が走っていた。鍾路通りの北側には瓦屋根の家が軒を連ね、大小の路地が複雑に伸びていた。

日が沈む頃、南山を下りた鏞虎は、真っすぐ下宿屋に戻った。昨晩、汽車の中であれこれ考えて眠れなかったうえに、下車してすぐ下宿を決め南山に登ったから疲れていた。しかし京城で過ごす初めての夜は、やはり寝つけなかった。生まれて初めて家を出たのに、異郷の下宿屋で寝つけるはずがない。両親や兄弟、仲の良かった下宿生らの顔が目の前にちらついた。置き手紙を読んで心配している両親に申し訳なかった。数日中に甲範おじさんに挨拶しに行き、おじさんの家の近所に下宿しているから安心してくれという手紙を出そうと思った。

翌日の早朝から鏞虎は、本格的に京城を探険することにした。木浦でしたように二、三カ月集中的に京城で社会見学をして、大陸に行くのに必要なことも学びながら旅費をつくるのだ。石造りの総督府庁舎を見物した後、ゆっくり光化門通りを歩いて東亜日報社の前に来た鏞虎は、新聞売りの少年たちが夕刊を脇に挟み、「東亜日報の夕刊です！」と声を張り上げる場面に遭遇した。初めて目にする珍しい光景だった。新聞スタンドがなかった当時は、少年たちが新聞を売り歩いていた。わずかな金を稼ぐために声を限りに叫びながら走る姿に、生存競争の厳しさを見た。他の子より一歩でも先んじなければ新聞を売れないから走っているのだろう。

(そうだ、他人の後を追っていては何もできない。常に人より一歩先を行く者が勝つんだ)

京城見物の初日に、新聞売りの少年からそんな教訓を得た。午後は和信百貨店に行った。一九三〇年代の京城には和信のほかにも三越、三中井《みなかい》、丁子屋などの百貨店があった。そのすべては日本人によって経営されており、忠武路入口と明洞《ミョンドン》入口に集まっていた。和信だけが純粋な民族資本の百貨店で、鍾路交差点にあった。

鏞虎は午後ずっと五階建ての和信百貨店で各売り場を見て回った。当時、田舎から京城に来る人が必ず見物した和信百貨店には高級な日本製品がたくさん陳列されており、店員はすべて女性だった。品物の種類が豊富で華やかなことに感心するいっぽう、どの売り場にも店員が配置されていて、数百人にもなりそうなことに内心驚いた。鏞虎が店員にあれこれ尋ねると、店員は商品についてすらすらと説明してくれた。高い教育を受けているように見え、みんな親切で愛嬌があった。それに美人ばかりで、鏞虎は目を疑った。全国から美しくて優しいお嬢さんを集めたのではないかと錯覚するほどだった。女性を見て胸をときめかせたのは初めてだ。

探訪を通じてある程度京城を把握した鏞虎は、慎甲範の所に挨拶に行った。彼は鏞虎の父と同じ代だが三番目の兄鏞源と同い年で、日本で一緒に生活したことがあり、とても親しかった。甲範は東京で文学を学んで帰国した後、文学評論家として活躍しながら〈朝鮮レポツ会議〉という秘密結社を組織して独立運動にも関与していた。済州《チェジュ》出身の彼は、故郷の青年同志を促して農民組合運動をしたために昨年警察に検挙され、刑務所を出所したばかりだった。

甲範は鏞源によく似た鏞虎を喜んで迎えてくれた。

「子供の時に病気で死にかけたと聞いたが、大人になったんだな。ところで、京城に何しに来た？」

鏞虎は独学で勉強し、社会人として自立するために親の反対を押し切って来たことと、事業家として成功したいという抱負を率直に打ち明けた。

話を聞いた甲範は、いくら正しい目的のためでも親の許しを得ないで家を出たことはよくない、直ちに手紙を送れと叱り、下宿が近いのなら、遊びに来て夕食を食べればいいと言ってくれた。

その日、鏞虎は両親に手紙を書いた。甲範おじさんの家に近い所に下宿している、社会に足を踏み出した以上、必ず事業家として成功する道を見つけるから心配しないで見守ってくれという内容だ。手紙を出してしまうと、気が軽くなった。いちおう親を安心させられたと思った鏞虎は、京城見学に拍車をかけた。百貨店や市場などの商業地域だけではなく、官公署や銀行、乙支路入口にある、悪名高い東洋拓殖会社にも入ってみた。故郷である霊岩の農地や湖南平野の肥沃な土地を奪った植民地収奪機関の総本山の前を黙って通り過ぎることはできなかった。多くの農民が農地を失って都会や満州に出ていったことや、父が小作争議を主導して投獄されたことを知っていたからだ。

永登浦《ヨンドゥンポ》にある紡績工場と鉄道工作廠では労働者らと一緒にクッパを食べ、報酬や勤務体系について詳しく聞いた。事務職にせよ労働者にせよ、同じ仕事をしても朝鮮人は日本人社員の給料の半分ほどしかもらえないという暗い現実を確認した。給料は、日曜日も休まず一日十二時間働いてやっと食べられる程度だという。京城にきて二カ月過ぎると鏞虎が三、四回以上歩いていない場所がないほどになった。しかし新しいものに対する好奇心と冒険心は、なかなか満たされなかった。

## ◉野心に満ちて大陸へ

南山が新緑に包まれる初夏、京城に来て三カ月になろうとしていたが、鏞虎は浮かない顔をしていた。いくら考えても中国行きの旅費をつくる方法が思い浮かばないのだ。鏞虎は京城を探訪しながら、中国本土に行く前にまず満州に行こうと決心していた。日本は満州国をつくったけれど、中国本土に対する野心も捨てていないから、いつ中国と戦争を始めるかわからないと噂されていた。それで、まず満州に行って生活費を稼ぎ、中国語を覚えながら情勢を探るのが賢明だと思った。そのためには満州の関門であり最も産業の発達した大連に行くのがいいと判断し、総督府図書館で満州や大連に関して日本人のつくった統計資料や報告書、研究書を読んだ。

大連への旅費は大金だ。現地で職を得て最初の給料を手にするまでの数カ月の宿泊費と汽車賃を考えれば、百円はなければならない。当時の百円は、平均より給料のいい金融組合（農協の前身）の職員の月給四カ月分だった。京城で適当な職を見つけても下宿代など最小限の生活費もかかるから、二年働かなければお金は貯まられない。木浦の親に頼んだところで、家の事情も事情だが、すぐに戻ってこいと言われるだけだ。

下宿代を使い果たさないうちに何とかして大陸行きの旅費をつくらなければと夜も寝られずに悩んでも、妙案は思いつかない。だからといって旅費を稼ぐために二年も無駄にするのはいやだ。考えた末、甲範に借りようと決心した。気を引き締めて彼の家を訪ねたけれど、最初の日は言い出せないまま帰ってきた。数日後、鏞虎は悲壮な覚悟で再び甲範を訪ねた。そして、勇気を出して単刀直入に話を持ち出した。牛のツノも一気に引き抜けということわざがあるではないか。

「おじさん、今日はお願いがあって来ました」

「何だ、言ってみなさい」

「お金を少しお借りしたいのです」

「金？　いくらいる？」

甲範は、生活費が足りないのかと思った。

「百円ほど貸していただけないでしょうか。後で必ず利子をつけてお返しします」

「何、百円だと」

甲範はあきれ顔で鏞虎を見た。しかし彼が金の使い道について説明すると、黙って聞いていた。鏞虎は姿勢を正し、十年間独学したこと、世間を知るために木浦や京城を細かく観察し、これまで間接的に経験したことを話した。

「今の僕は、すべてにおいて中学校を卒業して十年以上社会経験のある人に見劣りしない力を持っていると自負しています。そして僕には人一倍忍耐力と闘志があります。だからお金を貸してもらえれば、必ず自分で稼いでお返しします」

鏞虎は落ち着いた口調で言った。そして、大陸で事業家として成功したいから、旅費と落ち着くまで必要な金を貸してくれと頼み、京城でそれだけの金を稼ぐには二年はかかるので時間が惜しいと付け加えた。鏞虎の真剣な頼みを聞いて甲範は表情を緩めた。

「たいした野望だな。だけど、もし金を貸したとして、遠い国に行ってしまったお前が返してくれなかったらどうする。大金を貸す時には担保を取るものなのに、見たところ、お前は担保にできるようなものがなさそうだぞ」

いたずらっぽい口調だった。鏞虎の反応を試そうと、冗談めかしたのだ。緊張していた鏞虎は少し考え、自信に満ちた声で言った。

「今、僕の持っているすべて、独学で得た実力と若さと抱負を担保にします」

甲範は、肝の据わった、抜け目のない奴だと思いながら鏞虎の顔を見て、しばらく考えこんでいた。そして言った。

「よし、それでは、お前が差し出す担保が果たして使いものになるのか、試してみて決めよう」

そう言うと、息子の中学五年生の教科書や新聞を持ってきて鏞虎の実力を試し始めた。朝鮮語、日本語、漢文の教科書と新聞を読ませ、商業や歴史の教科書を開いて質問をした。鏞虎はどれもすらすらと読み、商業や歴史についての質問にもほとんど間違いなく解答した。すると甲範は、自分の読んでいた日本語の文学評論集を読んで説明してみろと言った。鏞虎はつかえずに読むのはもちろんのこと、文芸用語の概念まで把握していた。彼の千日読書がどれほど広範囲だったのかを立証する瞬間だった。

その後も世の情勢に関する質問が続いた。鏞虎は自分の見解をはっきり述べた。初めはいたずら半分で始めたテストを通して、甲範は予想もしなかった鏞虎の能力と強い執念に内心、舌を巻いた。

「それぐらいならじゅうぶんだ。お前の言う担保とやらを信じて金を貸してやってもいいが、これはお前のお父さんやお兄さんとは何の関係もない、俺とお前の取引だということを覚えておけ。努力する姿勢と執念を持ち続けて、一生懸命やってみなさい」

「おじさん、ありがとうございます。一生懸命努力して、この恩は必ずお返しします」

鏞虎は立ち上がってクンジョルをした。喜びと興奮が交じった顔は上気していた。嬉しそうな顔を見て、甲範も満足げな笑みを浮かべた。

初夏の夕暮れ、甲範の舎廊房《サランバン》（客間を兼ねた主人の書斎）には鏞虎の興奮を鎮めようとでもするかのように、そよ風が吹き抜けた。

「鏞虎、事業家として成功するためには日本をよく知らなければならないぞ。朝鮮から日本を追い出す日が遠からず来るだろうが、当面のところ、日本の国力は天に昇る龍の勢いだ」

「日本の歴史は本で読みました」

「本に書かれているような、型にはまった歴史のことを言っているのではない」

「では、どういう……」

「坂本龍馬や明治維新について聞いたことはあるか」

「明治維新は知っています」

「それならいい。龍馬は今日の日本を創った人物だと言える。龍馬の先覚者的発想や勇気、商人精神が、分裂していた日本を結束させて力のある国にしたんだ」

甲範は夜遅くまで日本の開国と明治維新を主導した坂本龍馬について鏞虎に語った。日本に勝つためには日本を知らなければならず、坂本龍馬を理解することが重要だったのだ。特に鏞虎は日本に支配されている所で事業をやらなければならないのだから、甲範の話はとても興味深かった。

交渉力と政治力で三十三歳にして明治維新を成功させた龍馬は、土佐藩の下級武士に過ぎなかった。江戸の千葉道場で剣術を習い、ペリーの黒船騒動を通じて世界情勢に目を開いて幕府の統治に幻滅した。刀や槍では銃と艦船で武装した外国勢力に対抗できないと気づいた龍馬は、独学でアメリカやヨーロッパの政治や生活について学び、パン屋の子が大統領になれる平等な世界を夢見た。その夢は幕府を倒して一つの日本、すなわち新政府をつくることだった。それを実現するために龍馬は犬猿の仲だった薩摩藩と長州藩を和解させ、大小の藩を一つにまとめていった。すると商売がしやすくなり、米が不足している藩には米を、塩が足りない藩には塩を供給することができた。外国との貿易を通じて紡織機や武器も入ってきた。こうした事業は各藩が出資してつくった会社が担当し、貿易を通じて長い歴史的対立と葛藤が解消された。

「龍馬は政治家というよりビジネスマンだった。龍馬が各藩の問題を政治的に解決しようとしたら、決してできなかっただろう」

「貿易を通じて必要な物を調達できるようにしたり利益を上げさせたりしたおかげで、各藩は龍馬の構想に参加したのですね」

「そうだ。事業は単に食べるための商売から、一国の運命を変える事業までさまざまだ。お前は国を失って絶望しているこの国の人々に希望を与える事業家にならなければいけないぞ。銃を持って闘争することだけが独立運動ではないんだ」

「僕もそう思います。大きな会社をつくればたくさんの朝鮮人が安定した職場を得られるし、稼いだお金で学校を建てて朝鮮の子供たちを教育すれば、必ず独立する日が来るでしょう」

「うむ。そういう意味で、商業に暗いこの国から、一日も早く大事業家が出なければならない」

「事業でお金を儲けたら、自分がぜいたくするのに使うのではなく、命懸けで独立運動をしている志士たちに資金を提供します」

「ほう、お前の話を聞いていると、この国の将来は必ずしも暗くはなさそうだ。朝鮮には、お前みたいな若者がたくさんいるのだろうな。まず事業を成功させろ。そうすれば、祖国を取り戻すために東奔西走している愛国志士たちを紹介するよ」

短い間だったが、甲範は愛弟子を得たようで嬉しかった。造船、製鉄、倉庫、鉱業、貿易商社、銀行などあらゆる方面に手を伸ばしている三菱財閥の創業者岩崎弥太郎が龍馬と同じ土佐藩の武士階級出身で、韓国を強制的に合併し、朝鮮総督となった伊藤博文が足軽出身ながら新学問を学んで出世した話を聞かせてやった。日本について教えると同時に、独学してきた鏞虎に勇気を与えようと思ったのだ。その後も甲範は鏞虎が中国に旅立つまで自分の知識と知恵を伝授し、鏞虎は綿のようにその教えを吸収した。

そんな鏞虎の姿を見て甲範は、龍馬に開化思想を教え、世に紹介した勝海舟を思い浮かべた。彼は江戸末期に軍艦奉行を務めた高級官僚だったけれど、幕府を解体し新しい日本を建設しようとする龍馬の師になった。土佐藩を無断で離脱した浪人に過ぎない龍馬の非凡な才能を高く評価した海舟は、幕府の軍艦を譲って龍馬に海上貿易ができるようにしてやった。つまり明治維新を演出したのは龍馬だとも言えるが、脚本を書いたのは勝海舟なのだ。

ひと月以内に旅費をつくってやると言われて鏞虎は未知の世界に対する期待が膨らんだものの、国内事情はひどいものだった。季節外れの寒気で作物の出来が良くないうえに、二カ月以上雨が降らないので全国的に田植えができず、米を始め物価が高騰して生活苦にあえいでいた。飲み水まで足りない地方も多く、民心は荒んでいた。

鏞虎は毎日のように長谷川町（現、小公洞《ソゴンドン》）の総督府図書館で満州や大連に関する資料や本を読んで必要な情報を収集し、夜には甲範の教えを受けながら新しい知恵に目を開いた。

総督府図書館には二十万種類の本や資料が所蔵されており、満州、中国、シベリア、モンゴルに至るまで大陸侵略に必要な研究書と調査報告書、統計資料など参考になるものがたくさんあった。鏞虎は図書館で資料を見ながら、どこに向かうべきか考え直した。ひと月後に出発するのだからもう一度慎重に検討する必要がある。最初の一歩が肝心だと言うではないか。それで、広大な満州のどの都市に行くべきかを、原点に戻って考えてみた。最初に行くのは、働きながら中国語を覚えられて、中国に進出してちょっとした事業を始めるだけの資金を短期間に稼げる都市でなければならない。

鏞虎は大連と新京（現、長春）を比較検討してみた。二つの都市に関する資料を調べた結果、やはり大連に行くことにした。新京は一九三二年に日本の傀儡政権としてつくられた満州国の首都であり建設途中の新興都市であるという点は魅力だが、鏞虎が望む条件は満たされない気がした。日本の関東軍司令部と憲兵司令部があって満州で最も統制と規制が厳しい所だから、就職も簡単ではなさそうだ。

いっぽう大連は露日戦争直後に日本の租借地になって日本の大企業が争うように進出しているうえ、人口も五十万人で新京より多い。それに日本の企業が中国人をたくさん雇用していて若い中国人の三分の一は日本語ができるという報告書もあった。中国人と一緒に働きながら中国語を覚えられるだろう。

目的地を大連に決めた頃、甲範が、金の準備ができたと知らせてきた。彼は鏞虎に、中国に行って活動するには中国語ができなければならないが、どうやって勉強するつもりだ、最初の行き先はどこにするのだと尋ねた。

「まず大連に行くつもりです。総督府図書館で調べた結果、大連は満州で日本の企業がいちばん多い都市だそうです。日本の会社で働く中国人は日本語がわかるので、いったん大連で中国語を覚えながらお金を稼ぐ方法を考えてみます。それから本格的に定着する場所を探します」

「それはいい。大連は満州の入口で、大きな都市だから学ぶべきこともたくさんあるはずだ。私が日本の大学に通っている時に親しくしていた同窓生が大連で会社を経営しているから紹介してあげよう。私が紹介すれば、間違いなく採用してくれる。まずその会社で働きながら中国語を身につけて、資金をつくって自分の道を開拓してみなさい。その人は日本人だが、植民地政策に反対する自由主義者だから心配しないでいい」

鏞虎は、まさか甲範が就職まで世話してくれるとは思ってもいなかったのでひどく驚いた。

「おじさん、ほんとうにありがとうございます。このご恩は忘れません」

数日後、甲範は現金と紹介状をくれた。こうして鏞虎は京城に来て五カ月で、大陸に渡る確実な道を見つけた。無から有を創造したようなものだ。

（道を探す。道がなければ道をつくる）

本を読んでいて目にしたこの一節は、紙に書いて読んでいる本にしおりとしていつも挟んでおき、何度も読み返した鏞虎の座右の銘だ。本を手に取るたびに、この言葉を読み、自身の行動哲学として胸に刻みつけた。木浦を出る時から切実に願っていた大陸行きの夢がかなって自然と力が湧いた。

何も怖くなかった。鏞虎は京義《キョンウィ》線の汽車に乗った。

## ◉隙間市場を探す

二度目の出発だ。京城から奉天（現、瀋陽）行きの汽車に乗った鏞虎は、五カ月前に木浦を出た時と同じく孤独な旅人だったけれど、今回は百円もの大金と甲範の紹介状があったから安心していた。汽車が国境を越え、満州に入ると暗くなってきた。三等室は朝鮮人が多かった。老人や子供連れの家族もいた。故郷で食い詰めて満州に移住する人たちだ。日本の過酷な収奪政策と地主の横暴な振る舞いに耐えられなくなった小作農は、一九二〇年代からわずかな荷物を持って満州に移住し始めた。この悲しい行列は一九四〇年代初めまで続いた。奉天に近づくと夜が明けた。車窓に広がる満州平野は夏の太陽の下で青々としていて、行けども行けども果てしなく広がっていた。目を覚ました朝鮮人たちも広い野原を眺めて感嘆していた。あの広大な土地が自分たちを幸福にしてくれると信じる人々を、誰が非難できよう。

奉天で、大連に行く特急〈あじあ号〉に乗り換えた。これは二年前の一九三四年から大連と新京を結んで運行を始めた超豪華列車で、専用機関車の車輪は直径二メートルもあり、時速百キロで走る世界一速い汽車だった。日本の本土を走る特急つばめが時速六十七キロ、釜山《プサン》と京城を結ぶ特急ひかりが時速四十九キロだったのに比べると驚くべきスピードだ。客車や食堂車も豪華で、最後尾には四方に大きなガラス窓があって風景を楽しみながら旅行できる展望車まであった。

鏞虎は汽車の中で心に誓った。

（一年、長くても二年だけ大連にいよう。中国語を覚えてお金を稼いで満州の都市や北京、重慶、上海を回って事業を興す場所を探すんだ）

大連駅に降り立つと正午を過ぎていた。駅舎は雄壮なコンクリートの二階建てだった。露日戦争以後、日本が南満州鉄道会社（以下、満鉄）を運営し、東京の上野駅そっくりに建てたという。莫大な利益を上げる満鉄の運営権を行使して豪華列車を運行するためには、始発駅である大連駅を現代的な建物にする必要があったのかもしれないと思った。

鏞虎は駅前の旅館に荷物を置き、すぐに大連広場に向かった。広場に行く大きな通りを見物しながらゆっくり歩いた。街路樹の道を行くと大きな円形の広場に出た。広場の北には満鉄が経営するルネッサンス建築のヤマトホテルがあり、広場を挟んだ向かい側には三つのドームが印象的な横浜正金銀行の建物があった。広場の中心には初代関東都督の銅像もあった。広場から放射線状に、広々とした道が伸びていた。南の埠頭がいちばん賑わっているように見えた。繁華街を過ぎて埠頭に出た。

大連港は、想像を絶する規模だった。これに比べたら木浦港などちっぽけなものだ。大型貨物船がずらりと停泊していて、下関から到着した旅客船の乗客がぞろぞろと降りてきた。待合室も数千名を収容できた。その年に満州の産業開発五カ年計画が始まり、大連港に入る人と物資が急増していた。鏞虎は海風を全身に浴びて深呼吸をした。とてつもなくのびのびとした気持ちになった。海は北海の真珠という呼び名にふさわしく、藍色に輝いていた。大連の埠頭に立って海を眺めているなんて、まるで夢のようだ。この美しい港町が最初の活動舞台だと思うと、わくわくして力がみなぎった。

甲範の紹介状を呼んだ藤田商事の藤田社長は、鏞虎にあれこれ質問してテストした後に言った。

「信頼する慎甲範君が自信を持って推薦しているのだから採用しよう。まず、会社について知るために研修を受けてくれ。指示しておくから明日の朝、人事部長のところに行きなさい。配属先を決めるのは研修が終わってからだ」

鏞虎は藤田社長に、機会を与えてくれてありがとうございます、期待に沿えるよう努力しますと言った。大きな会社の社長だから厳格で堅苦しい人かと思ったら、意外に穏やかで優しかった。社長は、住居が決まらないと安心して仕事ができないだろうと言い、鏞虎の下宿を探すよう秘書室職員に命じた。到着したばかりの鏞虎に、下宿探しで時間を無駄遣いさせないようにするための配慮らしい。社長がすぐに採用を決め、下宿探しにまで気を使ってくれたのは、甲範と親しく、紹介状にあった鏞虎の履歴に好感を持ったうえに、面接で彼の見識や意志の強さを確認して気に入ったからだ。

(甲範君が虎の子を送ってくれたのかもしれないな。使えそうな青年だ。ちゃんと育ててみよう)

藤田社長は後に鏞虎の初印象について、そう述懐した。

秘書室の職員が探してくれた下宿は、日本人がたくさん住む南山路にある日本人の家だった。下宿代はちょっと高かったけれど、就職できたので目をつぶって入居することにした。鏞虎は早く中国語を覚えるために中国人の家に下宿するつもりだったが、中国人の家はあまり清潔ではないと職員に言われて断念した。

翌日から研修が始まった。会社全体の規模や組織についておおよそ学び、主要な部署に数日ずつ配置されて業務内容を把握した。藤田商事は鉄鋼製品を中心に、自動車や船舶の修理に使う部品、モーターなど各種の産業機械、工作機械、建設関係の機材や資材、生活必需品に雑貨まで、あらゆる物資を日本から輸入して満州一帯で売り、撫順炭鉱や鞍山製鉄所の石炭や鉄鋼製品はもちろんのこと、大豆など農産物を輸出する総合商社だった。取り扱い品目は百以上に及び、満州一帯と中国本土で、支社という形を採った数十もの専門卸売り店を率いていた。

一カ月の研修を通じて鏞虎は会社運営のすべてのプロセスを把握した。会社は社長の下に管理・人事担当、輸出入担当、販売担当の専務理事がおり、その下で部長や課長が組織を管理していた。鏞虎は研修を受けながら販売部の組織と販売方法に興味をそそられた。販売部は数十の専門卸売り店を地域別に管理していた。本社の販売部から商品が出庫されれば専門卸売り店を経て小売商や実需要者に供給される。しかし満州最大の市場である大連と旅順は、本社販売部が直接取引していた。

鏞虎は、販売部の組織を説明する日本人社員に尋ねた。

「専門卸売り店には、実需要者に供給する価格の何パーセントをマージンとして与えているのですか」

彼は、新米のくせに出過ぎた質問をすると思ったのか、しばらく鏞虎の顔を見て聞き返した。

「どうしてそんなことを聞く。専門卸売り店でもやってみたいのか。だけど保証金も高いし、審査も厳しいぞ」

「専門卸売り店がどれぐらい儲かるのか気になったんです」

社員の説明によれば、マージンは十五パーセントだという。

京城でも穀物や消費財を取り扱う卸売商が中間マージンをよそよりたくさん与える販売促進法を使うのを見たことがあったから、藤田商事の卸売り店制度に興味が湧いたけれど、絵に描いた餅だった。それでも、何かいいアイデアがないかと考え始めた。

(道がなければ道をつくればいい)

鏞虎は研修が終わる頃になると、じっと方法を考えた。

(藤田商事の職員として月給をもらうより、事業で金儲けができればいいのに。大連に来てひと月にもならない僕がそんなことを考えるのは身の程知らずかもしれないけれど、道を探す努力をする

のは悪いことではないはずだ）

代理店に十五パーセントのマージンを与えると聞いた瞬間に浮かんだ考えが、研修の間ずっと頭から離れなかった。考え続けると、小さな希望が見えてきた。研修が終わる頃、鏞虎は、本社の直轄販売部が担当している大連と旅順地域では、港湾、軍港、大連機械、満鉄鉄道工場などの大きな会社と取引きし、小さな取引先は放置していることを知った。大手の取引先がたくさんあるので、マージンの損失を防ぐために大連には専門卸売り店を置かず本社が直接取引して、小さな市場には目を向けていなかった。

（本社が管轄する大連で、隙間市場を探せるのではないか）

鏞虎は市場調査をしながら浮かんだアイデアを整理し、企画を立て始めた。大連市内で本社販売部が取引していない中小の取引先や個人需要者に、本格的に食い込むのだ。売り上げを増やせば会社の利益が増えるのだから、駄目だとは言われないだろうと思った。自分なりの販売促進法も研究した。本社から卸売商に販売額の一定比率を与えるのと同じように、個々の販売社員に販売額の一定比率を支給する制度を導入し、実績によって報酬を得られるようにすれば販売実績は飛躍的に上がると思った。一定比率の利益金を販売社員に分かち与える制度なので、鏞虎はこれを比例給販売制度と名づけた。

## ◉小さな畑でも小作よりはいい

今日、ほとんどすべての販売組織で普遍的に採用されている比例給制度は鏞虎の独創的なアイデアで、故郷の村の畑が発想の原点だった。村の農民の多くは小作農で、他の農村と同様、どの家も持ち主のいない山の斜面や裏庭に小さな畑を作っていた。しかし彼らは朝から晩まで小作の田畑で忙しく、自分の畑を耕す余裕がなかった。それで自分たちの畑は子供や老人が世話をしたのだが、小作で耕している畑よりも作物の出来が良く、生産量も多かった。

「すべてが自分の物になる畑は、水一つやるにも心がこもって肥やしになるけれど、せっせと耕しても半分以上他人に取られる小作の畑では、肥やしも水に変わってしまうものだ」

ある日、裏の畑でキュウリをもぎながら、この畑の作物の出来がいいのは土がいいからだろうかと尋ねた時、母はそう答えた。

大連の隙間市場を攻略するアイデアを探していた鏞虎は、母の言葉を思い浮かべて膝を打った。自分のように事業で成功したいと思っている社員に、適切な販売マージンを与えればうまくいくという自信があった。

(だけど、一文無しの僕が藤田商事の商品を扱わせてもらうにはどうしたらいいのか)

鏞虎は悩んだけれど、いい考えが浮かばなかった。

研修が終わると、藤田社長が鏞虎を呼んだ。

「各部署が慎君のことを高く評価している。どの部署に配置してもちゃんと働けそうだ。希望の部署を言ってみなさい。これは君が実力で得たチャンスだよ」

藤田社長はとても機嫌が良さそうだった。鏞虎は好きな部署に配置してやるという言葉はありがたかったものの、躊躇した。彼がもじもじしているので、「好きな部署を選べと言うのに、どうした。今すぐ希望の部署に発令するよ」と催促した。

そう言われても、すぐに言葉が出てこなかった。今まで研究した計画がまだ完成していなかったので、あやふやなことを話すこともできないけれど、返答しないわけにもいかない。

「販売営業に興味があります。でも、申し訳ありませんが、一週間だけ時間をいただけないでしょうか。研修を受けながら浮かんだアイデアがあるのですが、それを具体的にまとめて報告したうえで、意見を申し上げたいのです」

藤田社長はしばらく鏞虎を見つめてから言った。

「一週間くれだなんて、どんなに素晴らしいアイデアなのかな。よし、一週間待とう。期待しているよ」

そう言って鏞虎に期待と好奇心を寄せた。

一週間の猶予を得た鏞虎は、不十分だった市場調査を補完した。図書館と大連市役所、日本人商工業者の親睦団体などを回りながら、各種の年鑑や統計資料を調べた。調査を通じて大連の中小工場はもちろん、各工場の業種と規模を詳しく把握した。大連には大小の工場と産業施設が一千以上あった。十五万人いる日本人も生活の安定した中産階級だったから、彼らが消費する生活必需品と雑貨だけでも莫大な量になる。これほどの規模の市場なら何を売っても成功できると思った。鏞虎は調査内容をまとめて計画書を作成した。計画書には、これまで藤田商事が放置していた隙間市場に商品を販売するためのアイデアが盛り込まれていた。約束の一週間後、鏞虎は藤田社長に計画を説明した。

一、本社直轄販売部が取引していない中小の顧客だけを開拓する藤田商事販売代理店を大連市内に開設する。
二、代理店の下にいくつかの支店と支店長を置き、各支店に十名ほどの比例給販売員を置いて販売活動をする。
三、代理店と支店の事務所は本社が設置し、最初の三カ月の運営費は本社が貸す。事務所開設費用は貸与という形式を採る。
四、本社経理社員が派遣されて金銭の出納を担当する。

五、販売営業は代理店と傘下の各支店が担当し、販売した商品の配達と集金は本社が直接行う。
六、本社は販売代金の十五パーセントを代理店長に支給するが、集金が終わった部分に対してのみ、毎月一回清算する。十五パーセントの中から積み立てて本社借入金を償還し、給料と比例給の支給などすべての販売費用と一切の運営費および店長の利益を充当する。
七、代理店は慎鏞虎が引き受けて独立的に運営する。

鏞虎の説明を聞いた社長は、よくそんなアイデアを思いついたなと褒め、自信はあるのかと繰り返し確認した。今でこそ第一線の販売社員にリベートを支給する販売戦略は普遍的だが、当時、比例給の販売社員制度は奇抜な発想だった。

藤田社長は、特に比例給販売社員の活用に関心を見せ、いろいろな質問をした。

「実に合理的な企画だ。本社としては百パーセント安全性が保障される販売戦略だが、この計画の成否を決める比例給の販売員が実績を上げられなければ、代理店運営は難しいぞ」

「それについても考えました。比例給だけ約束どおり支給すれば、第一線で頑張ってくれそうな販売社員を確保する方法があります。必ず成功します」

自信はあると何度も言うので、藤田社長は腕組みをしてじっと鏞虎の顔を見た。

「よし。もう少し考えて重役たちにも相談して決めるから、明日の朝、もう一度来てくれ」

翌朝、藤田社長は再度あれこれ具体的な質問をして確認した後に言った。

「協力するから、やってみなさい。だがもし失敗したら、本社が貸した金は君が二年でも三年でも正社員として働いて月給から返すという条項を契約書に明記するが、いいかね」

鏞虎はその条件を呑んだ。会社が万一の場合を考えて安全策を採るのは当然だ。それより自分の計画をすべて受け入れてくれたのが夢のようだった。機会は、それを得ようと努力する人に訪れるという言葉がある。夢をかなえるために絶えず挑戦する彼に、最初のチャンスが訪れたのだ。数日後、藤田商事社長と大連販売代理店店長慎鏞虎の間に正式な契約が結ばれた。販売担当専務が反対したにもかかわらず、社長が、自分が責任を持つから一度冒険してみようと言って説得したと、後になって聞いた。

鏞虎は大連に到着して二カ月もならないのに、藤田商事大連販売代理店店長となって忙しい日々を送った。

事務所開設と同時に、大連新聞に支店長と比例給販売社員を募集する広告を出した。販売社員を確保する自信があると言ったのは、募集広告を出せばいいと思ったからだ。その頃、社員を募集する新聞広告はなかった。わざわざ費用を出して広告を出さなくとも、いくらでも人が集まったからだ。しかし鏞虎は短期間に有能な販売社員を選抜するために広告を出した。予想どおり、広告を見て希望者がおおぜい集まった。

志願者を一人ずつ面接で選び、研修をしながらさらに能力のある人を選んだ。そうしたプロセスを経て組織をつくり活動を始めるのにひと月かかった。本社と契約してから一カ月で十店の支店を出し、営業を始めた。鏞虎はこの時の経験を通じ、営業社員の研修が販売に及ぼす影響が大きいことを実感した。それで研修が終わり営業を始めてからも、週に一度、定期的に支店長や販売社員の研修を行った。研修では主に謙虚、親切、誠実、忍耐が大切だと強調した。営業は信頼を元にした人間関係なので、それらは販売社員が備えるべき基本的美徳だと思ったのだ。

比例給販売社員には本人の販売実績に従って五パーセントのリベートを支給し、支店長には一定金額の固定給に加えて直接販売額に対するリベートを支給した。藤田商事の商品はたいてい高価だったので五パーセントのリベートでもそれなりの金額になった。そのため販売社員志望者はたくさんいて、有能な人材を採用することができた。実績が伸びない販売社員は自ら脱落したから、比例給販売社員は次第に精鋭化された。

三カ月すると大連販売代理店の運営は軌道に乗り始め、五カ月後には比例給販売社員が百名を超え、売り上げ額もそれに応じて伸びた。支店長の給料とリベートを支給した後の剰余金はほとんど代理店長の取り分だったから、鏞虎は金持ちになった気分だった。本社から運営費として借りた金を償還し終わった日、会社の役員はもちろん、代理店開設を反対していた販売担当専務まで、藤田社長の眼識に敬意を表して喜んだ。

「大連販売代理店のおかげで売り上げは伸びたし、のんびりしていた他の代理店が刺激を受けたよ。他の代理店の売り上げも増えて、会社としては一挙両得だ」

藤田社長の称賛に、専務も鏞虎のビジネスセンスを高く評価した。

「代理店店長の事業手腕はただものではありません。比例給販売社員制度だけでなく、職員の管理も驚くほど上手です」

「中国でこれほど有能な青年事業家はもう出ないでしょう」

鏞虎は代理店運営が安定すると、直接販売にも乗り出した。現場のことも学びながら五パーセントのリベートも稼げる。さらに彼が採用した中国人営業社員は全員、日本語がよくできたから、彼の中国語会話もぐんぐん上達した。そうして藤田商事大連販売代理店を一年間運営すると多額の貯金ができた。初めて手がけた事業にしては上出来だ。

鏞虎は木浦で苦労している母のことを思い出した。家を出る時、一日でも早くお金を稼いで母を楽にさせてあげようと、心に固く誓ったではないか。家を出て一年ちょっとだったけれど、母が楽に暮らせるようにしなければならないと思った。甲範から借りた金も早く返したいし、自分を信じて喜んで金を貸してくれた彼に、成功を知らせたかった。藤田社長にそのことを伝えると社長も、それはいい考えだ、一度木浦に帰ってこいと勧めてくれた。多額の現金を持って旅行するのは危険だから京城にある連絡事務所に送金し、そこに行って朝鮮銀行券で受け取れと言って便宜を図ってくれた。

無一文で木浦を飛び出し、社会に出て一年四カ月で鏞虎は小さな成功を収めて京城行きの汽車に乗った。京城に着くと藤田商事連絡事務所で金を受け取り、孝子町に向かった。

## ◉李陸史《イユクサ》との出会い

先に手紙を受け取っていた甲範は、鏞虎が金を返してくれたことより彼が成功したことのほうを喜んだ。

「成功すると思ったよ。まだ始まりに過ぎないけれど、栴檀《せんだん》は双葉より芳しと言うように、初心を忘れなければ必ず大事業家になれる。小さな成功に満足せず、いつも自分に厳しくしなさい」

「すべて、おじさんが僕を信じてくれたおかげです」

「早く大事業家になって志を遂げて、祖国のために働いている独立志士たちも助けてくれよ」

「僕も国を失った悲しみはよくわかっています。父と長兄のためにも喜んで後援します」

「ほう。そう思っているなら、鉄は早いうちに打てというから、最初の成功を祝う意味で、いい人を紹介してやろう」

甲範は鏞虎が雨上がりのタケノコのようにぐんぐん成長していることを喜び、彼を連れて明倫町

（現、明倫洞《ミョンニュンドン》）に向かった。歩きながら李陸史《イユクサ》のことを話した。一九〇四年生まれの陸史は、鏞虎より十三歳上だ。慶尚北道安東《キョンサンブクトアンドン》で李退渓《イテゲ》の十四代孫として生まれ、幼少期から漢学を学び、東京に行って日本大学専門部などに通って新学問を身につけた。一九二五年、抗日闘争団体である義烈団《ウィヨルダン》に加入して独立運動に投身し、何度も投獄された。一九三二年に北京に渡った陸史は、朝鮮軍官学校国民政府軍事委員会幹部訓練班第一期生として卒業した後、満州一帯で独立運動を繰り広げた。二十九歳になった一九三三年に京城に戻り、日本の武断統治や蛮行を辛辣に批判する文章や文学作品を発表していた。

「今は警察の目を避けて文筆家として活動しながらおとなしくしているが、日本の抑圧を一気に断ち切るような、文武両道の人物だ。本名は李源禄《イウォンノク》だけれど、一九二七年に初めて刑務所に入った時の囚人番号が二六四《イユクサ》だったので李陸史《イユクサ》というペンネームを考えたそうだ」

二人はこぎれいな伝統家屋に着いた。門を開けて入ると陸史が笑顔で迎えてくれた。

「陸史先生、お久しぶりです」

「やあ、よく来たね」

本がぎっしり並んだ狭い舎廊房は、陸史の人柄のように素朴で品があった。本の匂いが漂っていた。

「それで、今日はどうしたんだ」

陸史がお茶を勧めながら、突然訪問した理由を尋ねた。

「孤軍奮闘する先生に、頼もしい後援者になる人物を紹介しようと思いまして」

甲範の豪胆な言葉を聞いて、陸史は鏞虎に目を向けた。

「挨拶しなさい」

「慎鏞虎です」

「陸史先生、東京音楽学校を出た慎鏞源君を覚えてるでしょう?」

「ああ。東京で君と一緒に会ったね」

「そう、彼の弟です。僕の親戚でもあります」

甲範は陸史に、鏞虎が独学して大連で成功したこと、そして事業を通じて同胞を助け、独立運動の後見人になりたいと思っていることを話した。

「勇将のもとに弱卒はいないという言葉があるが、お父さんやお兄さんたちの志を受けて独立運動を助けようとは立派なものだ」

「学校に行けなかったので、知らないことがたくさんあります」

「朝鮮人が朝鮮語で朝鮮の歴史や文化を学ぶことができないのだから、学校に行ったって仕方ないさ。日本の操り人形になる教育を受けないで、むしろ良かったんだ。日本の教育を受けた朝鮮の青年たちの大部分は、率先して植民地の収奪を助けているじゃないか」

「……」

学校に通えなかったことを不幸な運命だと思っていた鏞虎は、陸史の言葉を聞いてすっきりした。

「今、この国には、薄っぺらい知識で日本にへつらい虎の威を借りる狐になろうとするエセ知識人ではなく、慎君のように国を思う若者が必要なんだ」

陸史は鏞虎の手を取り、昔からの同志に会ったように喜んだ。陸史に褒められて、鏞虎は頬を染めた。まだ独立運動資金を提供したこともない自分に関心や期待を示してくれるのが、恥ずかしかった。

「まだ何一つ実践していません。でも必ず大事業家になって約束を果たします。そして大連に帰ったら、少しでも独立運動に資金を出すようにします」

「商人も事業家も、競って金儲けのために親日や売国行為をしているのに、実に奇特だ。そう思っているだけでも独立運動に身を投じたようなものだ。事業に成功して、困っている同胞を助ける民族資本家になってくれよ」

民族資本家。陸史が言ったその言葉は、生涯鏞虎の脳裏を離れなかった。大陸で事業を通じて資本を蓄積した後、自国で産業を興そうとしていた鏞虎の思いを表現する言葉が、まさに民族資本であり、民族資本家だった。

「何年か前に上海に言った時、魯迅先生に会った。腐った古い中国を変えようと苦労している人だ。

彼はよく礼教吃人という言葉を口にしていた。中国人は表面だけ取り繕うから虚礼虚飾と形式主義に陥って国力を蕩尽してしまい、日本に蹂躙されたというのだ。私は我々もこの言葉を噛みしめなければならないと思う」

「まったくです。実際、中国よりもひどい虚礼虚飾と身分制度が横行しているから、こんなことになってしまったと言えますね」

「だからこれを言いたい。慎君！　日本は朝鮮の商圏を奪った。まず開化した者たちが新しく珍奇な物を輸入したために朝鮮の商店がつぶれ、すべての財産が奪われたのだから、国が持ちこたえられるはずがない。君のような事業家が日本の事業家より進んだ考えと行動でこの国の商圏を取り戻すなら、朝鮮の独立はそれだけ早くなるだろう」

陸史は日本が韓国を併合する以前に起こったことについて詳しく話し、鏞虎に事業の重要性と事業家の取るべき道が何であるかについて熱弁をふるった。

「陸史先生！　これから慎君を弟のように、同志のように思って助けてやって下さい。先生は満州の同志をたくさんご存じだし、満州ですべきこともたくさんあるでしょう」

「慎君が大事業家になるなら、やることは山のようにあるさ。まずは満州にいる同志たちに連絡するから、できることをして助けてくれ」

「できるだけのことは致します」

陸史は鏞虎に、自分がどのように連絡するかを説明した。その姿をみていた甲範は、鏞虎が遠からず波をかき分けて広い海に出ていくのだと思った。甲範と共に陸史の家を出た鏞虎は急いで京城駅に向かった。少しでも早く両親に会いたかった。

母は相変わらず下宿を営みながら苦労していた。そんな母が気の毒で、下宿はやめてもう楽に暮らしてくれと言うと、母は鏞虎の手をさすりながら、学校にもやれず家のことばかりさせたのに、遠い外国に行ってお金を稼いできたんだねと言いながら涙を流した。下宿をやっている家を買い取り、故郷に田んぼも少し買うようにと言ってお金を渡すと、母は夢ではないかと言って自分の頬をつねった。

久しぶりに家族水入らずで過ごし、下宿生だったカン・イルグと共に儒達山に登って旧交を温めた鏞虎は、再び大陸に向かうため、今度は家族に見送られて汽車に乗り、京義線に乗り換えて大連に戻った。

## ◉初めての道

木浦への帰郷は、鏞虎の胸の片隅で鉛のようにわだかまっていた気持ちを軽くしてくれた。親不孝をしたという罪の意識から解放された気がした。誇らしく、軽快な気持ちで代理店の運営に専念していた一九三七年七月七日のことだ。宣戦布告もしないまま満州一帯を少しずつ侵略し、満州国という傀儡国家を立てた日本が北京近郊の盧溝橋で計画的に戦争を起こして北京を攻め、続いて天津など河北省の都市を一つずつ占領していった。中日戦争の始まりだ。

新聞の報道で戦況に接した鏞虎は、この戦争が長引くと予感した。蒋介石の国民党軍と毛沢東の共産党軍が対立してはいるものの、中国は国土が広く人口が多いから簡単にやられはしないだろうし、日本も大陸侵略に対する野望を簡単に捨てることはしないだろう。占領地での日本の蛮行について耳にした鏞虎は、大連に来てよかったと思った。

中日戦争が始まってから大連港はいっそう多くの物資が入り、大小の工場は休む間もなく稼働した。戦争特需だ。日本本土の軍需工場はもちろん、満州の工場も増産体制に入ったので、原料や資材の需要が高まった。鏞虎は精力的に藤田商事大連販売代理店の売り上げを伸ばした。戦況も日本に有利なように展開し、十一月に上海が、十二月初めには南京が陥落した。中国東部が日本の手中に入ったも同然だ。

一九三八年が明けた。毎年していたように、二十二歳の新年の計画を立てなければならない。中国の情勢がある程度安定するまで大連にいるのか、それとも当初考えていたように、二年になるので八月から新しいことに挑戦するのか。しかし中国本土の状況が悪化し続けているのでこのまま代理店業務に専念し、その後のことは七月頃に決めようと思った。

正月の連休が終わり、大連販売代理店の業務が始まった。鏞虎はすべての雑念を振り払って再び売り上げを伸ばすことに全力を尽くした。仕事に熱中していると時間はすぐに過ぎる。販売代理店の売り上げは毎月最高値を更新した。計画以上に儲かり、中国語も不自由なく話せるようになった。だがまだ若いのに安定を追求してはいけないという思いがしきりに頭をもたげた。未来は困難や危機の中から創造されるという言葉が思い出された。考えた末に、安定よりも挑戦を選んだ。気持ちを整理し、その決心を甲範に手紙で伝えた。藤田社長を紹介してくれた人であるし、難しい決定をする時に相談できる唯一の師だった。

六月中旬、甲範から返事が来た。まだ若いのだから、ちょっと金が儲かるといって藤田商事の販売代理店に安住してはならない。大連を離れて初志貫徹しようというのは賛成だ。お前ならどんな難関も克服して新しいものを創り出して成功するだろうという。そして、藤田社長にも会いたいから、七月下旬に大連に行くとも書かれていた。

七月初め、鏞虎は藤田社長に、これまで信頼して助けてくれたことに対する感謝の意を表し、代理店を本社に引き渡して大連を離れると言った。予想どおり、社長は驚いて絶対に駄目だと引き止めた。

「二年間、慎君を見ながら、大物になる人材だと思っていた。手離せるものか。何とか考え直してくれ」

藤田社長は鏞虎の企画力と誠実さ、推進力を高く評価し、将来は会社の幹部にするつもりだったと言って引き止めた。しかし鏞虎は中国本土で新しい冒険をしてみたいと言い、胸に秘めていた当初の計画と抱負を詳しく説明して辞めさせてくれと頼んだ。社長も諦めずに引き止めたけれど、意志が固いことがわかると、とても残念そうな顔をした。

「惜しいけれど仕方ないようだな」と言いながらも、「うまくいかなかったら、いつでも戻ってこい。大歓迎するから」と未練を見せた。

藤田社長は鏞虎をとても信頼していた。七月末、大連を訪れた甲範に会うとすぐ、挨拶もそこそこに、「君の送ってくれた虎の子を一生懸命育てようとしていたのに、突然出ていくと言うんだよ」と寂しげに笑った。

鏞虎は大連販売代理店を藤田商事に引き渡し、社長や同僚社員に正式に別れの挨拶をした。代理店支店長や販売社員たちには、本社は管理するだけで、今までどおりに運営すると社長と約束したから心配しないで働けと言って安心させた。本社や代理店の職員は、みんな残念がった。

甲範と鏞虎が大連を出る前、藤田社長は送別会をしてくれた。酒が回ると、社長と甲範は、しきりに別れを惜しんでいた。親しい友人のいなかった鏞虎にとって、信頼と愛情のこもった会話に垣間見える二人の友情が、内心では羨ましかった。彼らの間に民族の壁はなかった。互いに尊敬し、大切にする美しい友情だけがあるように思えた。そんな友情があったからこそ、藤田社長は販売担当専務の反対を押し切って、甲範が推薦した自分を信じて販売代理店を任せてくれたことに気づいた。彼らの話を聞きながら鏞虎は、大事業家になるにはよい友人をたくさん得なければならないと思った。

「慎君、何を考えこんでいるんだね」

藤田社長の声で鏞虎は現実に戻った。

「い、いえ。ただ、お二人を見ているだけです」

「こいつは今も何か企んでいるんだろうさ」

甲範が誇らしげに言うと、藤田社長が答えた。

「ああ、時間を無駄にしない男だからな。こんなに惜しい人材なのに、送別会をやるなんて寂しい限りだ」

そして、これからどこに行くのかと聞いた。

鏞虎が中国本土を歩き回ってみるつもりだと言うと、社長は驚いて、

「南北縦断は良くない。特に重慶は危険だ。一人旅じゃないか」

藤田社長が中国情勢について説明した。

「日本軍が西部地方をほとんど占領したが、蛮行が目に余る。去年の十二月に南京を占領した時は、無辜の市民まで数十万人を殺したそうだ。蒋介石軍も、共産軍を掃討するという名目で共産軍が出

ていった町や農村を焦土化しているという噂もある。日本軍が占領した都市はもちろん、占領していない都市も人心が荒れていて、ゆっくり旅ができる状況ではない」

「そんなにひどいんですか」

「言葉では言い表せないほどひどいそうだ。慎君、満州を回って北京に行くだけにしておきなさい。それ以外は、情勢が良くなってから回ればいい」

真剣に自分を心配してくれているのがわかったので、鏞虎はそうすると答えた。しかし彼の決心が固いことを知っている社長は、藤田商事の身分証と出張証明書を持っていけと言った。

「明日、会社に行って身分証と出張証明書を発給してもらいなさい。出勤したらすぐ人事部に指示しておくから、絶対に持っていくんだよ。それさえあれば満州はもちろん、中国本土でも日本軍や官憲に文句をつけられないはずだ」

鏞虎は藤田社長の好意をありがたく思い、翌日会社に行って身分証と出張証明書を受け取った。

# 第三部

# 大陸で咆哮《ほうこう》する若き事業家

出てゆけ
出てゆくことこそ
再生を超えた
君の最初の誕生だ。出てゆけ

## ◉日本の大陸侵略

一九九五年、大韓教育保険を教保生命に社名変更した鏞虎は、高銀の「見知らぬ場所」という詩を口ずさんだ。世界初の教育保険を創り、社名のみならず営業方針も二十一世紀のグローバル時代に合わせて新たに設定したことに感慨を覚えた。

大韓教育保険は慎鏞虎の執念の産物であり、分身だ。しかし時代とともに教育保険という名前に固執していられなくなった。特に、教保文庫に続いて一九九四年に買収した大韓証券を教保証券としてスタートする際に、社名を変えるべきだという意見が出てきた。結局、大韓教育保険の略語である大教と教育保険の略語である教保のどちらにすべきか悩み、生命保険全体を総括する教保生命に決めた。グローバル時代の総合金融企業としてのイメージを創出し、経営環境の変化に対処するための選択だった。

一九五八年に新しい保険会社として誕生し、教育保険によって創立九年目に業界トップに躍り出る神話を成し遂げたことには、商号も大きな力を発揮した。だが時代の流れと変化の中で、永遠不滅なものは何もない。企業は人間と同じく生き物なのだ。ベビーカーに乗っていた子供が成長して自転車に乗るように、大韓教育保険も変革期を迎えた。鏞虎は高銀の詩を口ずさみながら、新たな誕生のために全国の支店を巡回しようと決心した。

鏞虎は新しい事業を構想する時や重要な転機に差し掛かった時には、いつも旅に出た。旅を通して世の中を観察し、新たな道を模索した。世はすべてのものを盛る器であり、全国の営業支店は会社の根だ。第一線の営業現場である支店の雰囲気や保険設計士たちの瞳は会社の未来を映している。だから鏞虎にとって旅と支店巡回は現場の確認であり、現実の中で未来を設計する事業構想の時間だった。教保生命として新たな跳躍を構想する鏞虎の脳裏に、ふと二十代の頃、大陸を旅行した時の光景が浮かんだ。

藤田商事を辞めた鏞虎を、人生で最も長く険しい旅が待っていた。しかし退社手続きを終えた彼は、すっきりした気分で甲範に大連市内を案内しながら旅行計画を立てた。甲範は、京城を長く留守にしておけないから新京とハルビンだけ見物して帰ると言った。蒸し暑い中、戦争が残虐さを増していた一九三八年八月、鏞虎は甲範と一緒にあじあ号に乗って大連を離れた。新京に着くまで沿線の風景を眺めるため、朝出発する列車を選んだ。

大連から新京までは平野が続いた。果てしなく広がる平野に高粱《コーリャン》、トウモロコシ、粟の畑が広がっていた。車窓の風景を眺めながら、二人とも思いにふけっていた。鏞虎が口を開いた。

「この広大な土地に、まだ開拓されていない所がたくさんあるそうですね」

「だから農地を奪われた朝鮮の農民がたくさん移住しているし、倭奴たちも自国の人々を開拓団と称して集団移住させているらしい」

一九三〇年代初め、満州の人口は約三千万人だった。面積は朝鮮半島の三倍以上もあるのに人口は一・五倍にしかならないのだから、放置されている土地がたくさんあり、平野が多くて地下資源も豊富だ。それが、日本が満州を欲しがる理由の一つだった。そのため日本は持続的に人口流入政策を採っていた。二人は車窓の風景に目を向けながらため息をついた。

列車はやがて新京に着いた。満州国の首都になって長春という名を新京に変えた、人口約四十万人の、行政、政治、文化の中心地だ。日本人の人口が十万人を超えていて、その大半が役人や軍人であるせいか、日本人がやたらに目についた。傀儡皇帝溥儀《ふぎ》の住む皇宮もあった。植民地の首都にふさわしく道路が広くて、幹線道路には新しい満州国の官庁や満州銀行本店、関東軍司令部が威容を誇っていたけれど、日本人がすべての実権を握っているので現地人の表情には生気がなかった。憲兵が街を巡回して中国人がちょっとした過ちを犯しただけで暴行したり連行したりする光景も、何度も目撃した。そんな光景に接して不快になった甲範は、二日後には早くハルビンに行こうとせかした。鏞虎も、新京は日本の官吏や憲兵がのさばっているだけだと思った。

ハルビンは新京とは違って、駅舎や街中の建物が帝政ロシアの雰囲気を漂わせていた。プラットホームに降りた瞬間、安重根《アンジュングン》がそこで伊藤博文を狙撃したことを思い浮かべた。自分が生まれる八年前のことだけれど、安義士のことを知って以来、鏞虎は彼の死生観と行動力に憧れていた。大連にいた時、安義士が刑場の露と消えた旅順刑務所にも行ってみたけれど統制区域なので入れず、遠くから眺めただけだった。

鏞虎はプラットホームに立って、安義士がどこで拳銃を発射し、伊藤博文がどこで倒れたのか考えてみたものの見当がつかなかった。旅行客が忙しそうに歩いているだけだった。前を歩いていた甲範が振り返って肩をたたき、「何をぼうっと突っ立ってる」と言った。鏞虎は振り向いて、「おじさんはここで何も思わないんですか」と聞いた。

「安義士が伊藤を狙撃した場所なのに、何も思わないはずがないだろう。私も調べてみたけれど、どこだかわからないね」

周囲を見回すと、汽車を降りた人々はもう改札口を出てしまったのでプラットホームはがらんとしていた。二人は伊藤を拳銃で狙撃する安重根義士と倒れる伊藤の姿を脳裏に描きながら急いで駅を出た。

松花江の川辺の小さな漁村だったハルビンは、二十世紀の初めにロシアが東清鉄道と南部支線を造り、都市を開発して満州東北部の中心地になった。大連が美しい海辺の風景と調和した西洋式の開放的な都市であるとするならば、松花江のあるハルビンは自然と調和するように設計されたロシア風の都市だ。南の大連や東のウラジオストクと鉄道で結ばれており、西は満州里、バイカル湖を通り過ぎてモスクワやヨーロッパにまで行ける。地理的条件からすれば、帝政ロシアがなぜここに鉄道を建設して都市をつくったのかが一目瞭然だ。

荒野につくった都市だから最初から都市の区画がゆったりとできていて、石畳の通りには大小のドームのある美しいロシア式の建物がたくさんあった。しかし、ロシア人の住んでいた高級住宅は金持ちの日本人の住居になっていた。

二人はこれほど美しいハルビンの街を建設したロシア人が日本人に追い出され、共産革命で追われてきた白系ロシア人だけが亡命生活をしているのを見た。国を後にしたロシア人たちのみじめな姿を見て、満州各地で苦労している同胞と同じだと思うと胸が痛んだ。

甲範はハルビンでも沈んでいた。見物させてくれてありがとうと言いながらも暗い顔をしていた。

仲間たちは皆、抗日運動をしていて、自らも西大門刑務所に収監されたことのある甲範としては、日本が滅びそうな兆候を満州で見たかったのだ。しかし彼が望んでいたものは見つからなかった。それどころか、行く先々で日本が勢いを増していることばかり目について気分が良くないらしかった。

甲範と別れる前日、鏞虎は松花江の渡し場で船に乗って北にある太陽島公園に行った。ハルビンで最も有名な公園を散策して、食事をするためだ。最初からロシア人の別荘地として開発された島は長きにわたって樹木が手入れされ、公園になっていた。森の中に散歩道があって、ゆっくり歩くには最適だった。

散歩道を歩きながら二人はいろいろな話をした。甲範は主に中国情勢のことを話した。鏞虎が中国本土に行くというので、そんな話題を出しているようだった。日本の中国攻略はどこまで可能なのか、重慶に政府を移した中国は、どのように対応するのかといったことだ。彼はまた、戦争は長期化するだろうと言った。初期には北京と上海一帯で日本が奇襲攻撃を成功させたけれど、中国も国共合作で戦列を整え長期戦へ向けて戦術を変えたので、日本が勝ち続けるわけにはいかない。日本も満州の豊かな資源を活用して長期戦に耐える能力を備えているから、中日戦争は長引くだろうというのだ。

「だから西の奥地には行かないほうがいい。事業は安全な場所でやるべきだということぐらいはわかってるだろう」

「北京に行って決めるつもりですが、そのことはよく覚えておきます」

「それから、落ち着いたら独立運動をしている人たちを助けなければいけないぞ。大金を一度に提供するのではなく、ちょっとずつでも義捐金を出すようにしなさい」

「わかりました」

「独立団体は今、資金繰りに困っている。独立志士たちは食べることさえ難しいそうだ」

甲範の声は震えていた。

二人は西の地平線に傾いてゆく夕陽が森を黄金色に染める美しい風景を後にして、食堂に入った。旅行気分にはなれず、ずっと憂鬱だった。その晩、二人は酒に酔った。翌日、鏞虎はハルビン駅で甲範を見送った後、自分も牡丹江行きの夜汽車に乗った。これからは一人だから自由に歩き回るつもりだった。

シベリアのウラジオストク行き鉄道が通る牡丹江沿岸の都市に行くのは、山林に好奇心を持っていたからだ。清国の王朝が祖先の発祥地だとして数百年の間、伐採を禁止して生い茂った山林が、そのまま残っていた。しかし鏞虎が訪れた時には、すでに大規模な日本の開拓民が手当たり次第に伐採して山林は見られなくなっていただけでなく、東満州最大の対ソ連軍事拠点になっていた。近くには軍隊の保護を受ける集団開拓民数千名が森林を伐採し、畑を作っていた。駅には彼らの切った木材が山のように積まれていた。

次に訪れた佳木斯《チャムス》にも、日本の集団開拓民がたくさん入っていた。満州東部の吉林省や黒竜江省も同様だった。日本人以外は、事業はもちろん農業もやりにくいようになっていた。

鏞虎は、この日本の集団開拓民が入ってきた経緯と、彼らが定着する過程を詳しく調べてみた。日本は一九三二年に満州国をつくり溥儀を皇帝にしたが、満州国を日本の地方政府とみなしていた。そして自国民を大々的に移住させ、都市だけでなく農村まで日本人が支配する国にする計画を立てた。

軍隊と警察を動員して現地の農民を追い出し、日本本土で募集した男だけの集団開拓民を移住させた。追放された農民には土地代はおろか、大人も子供も区別せずにひと月分の食費だけを与えた。銃口を突き付けられた人々は何の抵抗もできなかった。開拓団といえば聞こえはいいが、荒れ地や休耕地を開拓するのではなく、現地の農民から奪った農地を分け与えるのが日本の開拓団移住事業だった。牡丹江の集団開拓民も、そうして定着した人たちだ。彼らは山林伐採権まで得て数百年間保護されてきた木を伐採して利益を得ていた。

日本は敗戦するまで満州を蹂躙し続けた。満鮮拓殖株式会社（以下、満拓）が強制的に収用したり、安く買いたたいたりした土地に、約三十万人の日本人が農業をして豊かに暮らした。結果として日本の集団開拓民が入った分だけ、現地の人々は代々暮らしてきた農地を奪われて故郷を追われた。そしてばらばらになって都市や炭鉱に流れ、たいていは下層労働者である苦力《クーリー》になった。食べてゆくためにやってきた彼らに、日本は雀の涙ほどの労賃を与えて石炭を掘らせるなど、きつい労働をさせた。この頃から日本は朝鮮でも大々的に開拓民を募集して満州に送っていた。しかし朝鮮の開拓民は奥地にやって荒れ地を開墾させ、米を作らせただけで、日本の集団開拓民のように農地を与えはしなかった。

最後に訪ねた満州北西部に位置するシベリアとモンゴルの国境のハイラルでは、日本人の横暴ぶりが目につかなかった。大興安嶺山脈の海抜六百七十メートルの高地にあるこの小都市には満州人とモンゴル人、白系ロシア人が住んでおり、鏞虎が見てきた満州の都市のうち、唯一日本人が入っていなかった。小さく貧しい、辺境の都市だからだ。この高地の草原では羊、牛、馬がたくさん飼われていて、主に乳製品と毛皮、毛織物を生産していた。

ここから汽車で北に少し行くと満州里があり、国境を越えればシベリアのチタを経てバイカル湖の湖畔にあるイルクーツクだ。そしてさらに西に行けばモスクワを経てヨーロッパに行ける。

鏞虎はハイラルで数日過ごした。牧畜で暮らす人々は貧しくとも平和だった。満州族と蒙古族が仲良く暮らしていた。小さな毛織物工場や毛皮工場では白系ロシア人が働く姿も見えた。会う人はみんな親切だった。家を出てから初めて素朴な人情を感じた。静かで清潔で美しい自然に囲まれた都市で、鏞虎は旅の疲れを癒し、ハイラルに来てよかったと思った。

大連を出る時に計画していたとおり満州旅行はハイラルで終わりにしてハルビンに戻り、京哈線の列車に乗った。急行でも二日かかった。

## ◉北京と上海での現場学習

鏞虎は北京駅で日本の憲兵から検問を受けたけれど、藤田商事の身分証を見せて難なく通過した。北京は初秋だった。日本軍に占領されて一年経っていたので、見た感じは平穏で、住民の表情にも不安はなかった。日本軍の強圧によって治安はそれなりに維持されているように見えた。鏞虎はまず都心に近い所に宿を取った。無駄遣いのできない性分だから、ひと月以上旅行したのに所持金はそれほど減っていない。それでも満州に来た時と同じように安宿に入った。独りで異国を旅している以上、金の使い方には神経を使う必要がある。

準備してきた北京市内の地図を手に街に出て、これから事業の舞台になるかもしれない北京を知るための現場学習を始め、中国人からも情報を得た。中国人は、礼儀正しく謙虚に挨拶してから話を始めると、申し訳ないぐらい親切に、詳しく教えてくれた。年輩の人の中には、それだけではなくどうして北京に来たのか、どんな仕事をしているのかなど尋ねる物好きな人もいた。そんな時、鏞虎は正直に自分の過去を話し、商売をして金儲けをするために北京に来たと言った。

そうして一週間ほど過ぎたある日、紫禁城の北の北海公園を散歩していた五十代の人と話をして、その人の家に招待された。鏞虎の風変わりな経歴を聞いた陳さんという中国人は、遠慮する鏞虎を半強制的に家に連れて帰って夕食をご馳走し、奇特な青年だと褒めたたえた。独学で日本語と中国語を身に着けて自由に会話し、大連で自分が考えたやり方で二年間大金を稼いだという話に、彼は偉い！偉い！を連発した。そして名刺をくれて、自分の運営している店舗に時々立ち寄ってくれと言った。彼は北京生まれで、布地屋をやっていた。それ以後、鏞虎は北京の人心や文物について話を聞くため何度も陳社長の店に立ち寄った。陳社長も特別な関心を持って応対してくれた。

こうして情報収集しているうちに九月が終わろうとしていた。鏞虎は陳社長に教わった重要な市場と商店街をすべて見終わった。北京は古色蒼然とした歴史の香気を漂わせながらも西洋の近代的なものが共存する都市だった。各種の輸入品や貴金属を並べた百貨店が繁盛し、繁華街には人が溢れていた。近くの山西省では日本軍と中国の共産軍である八路軍が戦争をしているのに、北京の人たちの日常は平穏だった。こういうのを大陸気質と言うのだろう。

やがて北京の事情がおおよそ把握できたので、重慶を経て上海に行こうと思った。戦争真っただ中の重慶は危険でも、短期間で大金を稼げるような気がした。しかし北京駅で聞いてみると、汽車に乗って重慶に行くのは不可能だった。重慶までは日本軍占領地域を抜けて八路軍が掌握している地域を南下し、蒋介石軍の統治する所に入らなければならない。危険なだけでなく、そもそも交通が問題だった。汽車と車と船を乗り継いでひと月ほどかかる。

鏞虎の計画を聞いた陳社長は猛烈に反対した。八路軍や蒋介石軍に遭遇すれば、朝鮮人は密偵だと思って殺される、運よく嫌疑が解けたとしても強制的に軍隊に入れられるというのだ。重慶に行くために通過しなければならない河南省、湖北省、湖南省、江西省では、若い男がいれば強制的に自分たちの軍隊に入れてしまう。

「重慶に行ったら捕まって殺されるか、兵隊にされて日本軍と戦わされるか、どっちかだぞ……金を稼いで社長になるのを諦めたのか」

陳社長は絶対にそんなことはせず、京滬線に乗って上海に直行しろと言った。去年の十二月から日本軍が京滬線を運営して満州から軍需品を運んでおり、客車も普通に運行しているという。鏞虎は数日迷った末、事業で金を稼ぐために来たのだから、命を危険にさらす必要はないと考えて上海に直行することにした。兵隊でもないのに危険な所に行くのは蛮勇だ、蛮勇の背後には破滅が待っているかもしれない。北京に来て半月後に上海行き直通列車に乗った。仲良くなった陳社長は別れを惜しみながら、きっと戻って来い、事業の元手がなければ助けてやる、事業を計画するなら上海に行く途中に何カ所か回ってみたほうがいいと言った。

「どうせ行くなら済南と徐州、南京のような大都市を見てみなさい。日本軍が占領して一年にも満たないから、まだ商圏が安定していないそうだ。君のような若い人ならいいアイデアが出るだろう」

陳社長の言葉に、鏞虎は重慶を諦める代わりに大陸の肥沃な平野地帯を旅していろいろな都市の事情を探ってみたいと思った。しかし居を定めるのは北京か上海がいいと思っていたので、まず上海に行くことにした。上海を先に見て、そこに留まるべきか、また北京に戻るべきかを決めるつもりだった。それで済南、徐州、南京は後回しにした。

上海は北京とは対照的な都市だった。北京が古都の雰囲気を漂わせる大都市だとするなら、上海は見るからに現代的な大都市だった。鏞虎は大韓民国臨時政府の庁舎があったという馬浪路に向かった。臨時政府は六年前、尹奉吉《ユンボンギル》（朝鮮の独立運動家）が〈上海天長節爆弾事件〉を起こして以来、広東省などを経て柳州に移っていた。しかし馬浪路辺りにまだ同胞が多少は住んでいるだろうと思った。予測は当たっていて、同胞が経営する小さな旅館に泊まることができた。上海に来て十年以上になるという旅館の主人は、故国で抗日運動に加わって上海に来た、気骨のある人だった。上海に来た経緯を話し、長逗留するという鏞虎に、彼は丁寧にいろいろなことを教えてくれた。

彼によると、上海には数千人の同胞が暮らしている。高等教育を受けた人も多く、韓日併合以後、大金を持って亡命し、事業を営んで独立運動資金を提供した人もいる。しかし日本軍が上海を占領し臨時政府が上海を離れてからは抗日勢力が弱体化し、親日に傾く人たちがたくさん住み着いた。監視が厳しくなったので、ほとんどの同胞は政治に関わることをやめて生業に従事している。朝鮮人の職業はさまざまで、高い教育を受けた人たちは銀行員、船舶会社職員、公務員、新聞記者、大学教授、そうでない人たちは路面電車の改札係、職工、雑貨商、飲食店の接客などの職に就いている。事業に成功して大金を稼いだ同胞もたくさんいて、三河興業のような大きな鉄鋼会社もあった。同胞事業家の親睦団体である上海高麗商業会議所、一般の同胞の親睦団体上海大韓僑民団もあり、同胞はたいてい比較的安全な英米共同租界やフランス租界で活動しているという。

鏞虎は長時間話した結果、旅館の主人は信用できる人だと思い、二十歳ほどの年齢差を超えて仲良くなった。そして主人の助けを借りて上海見物を始めた。中心地である外灘の南京路や北京路を見物し、黄浦の川沿いにある黄浦公園を散歩した。北京路に向かい合った黄浦公園の入り口にはイギリス系ユダヤ人が中国でアヘンを売って建てたという、遠東第一楼（極東で最も高いホテルの意）と呼ばれた和平飯店（Fairmont Peace Hotel）が聳えていた。さらに中国最初の鉄骨建築だという上海総会（現、上海外灘華爾道夫酒店）、中国初の合作銀行であるハドソン銀行の上海支店、対外合作銀行のうち最も大きい滙豊銀行（香港上海銀行）などが並んでいた。銀行が百以上ある上海は、ニューヨークとロンドンに次いで銀行の多い、極東の金融中心地だった。

世界各国の金融機関は、自分の銀行と国家の勢いを誇示するために多様な建築物を建てていた。ヨーロッパで流行の新古典主義風、ローマ風、折衷様式など、各種の石造りの建物があった。鏞虎は黄浦公園にそってずらりと立ち並んだ美しい建物を眺め、別世界に来た気がした。その大きさに圧倒され、大連やハルビンの建物は上海に比べれば小さくて散漫だと思った。特に、初日に行けなかった、上海最大の建物の一つである二十二階建てのブロードウェイマンションを始めとするいくつかのビルは、いくら見ても飽きないほど美しかった。この時の経験は後に、教保生命ビルや研修所・啓性院《ケソンウォン》などの独創的な建物に生かされることになる。鏞虎は、木浦で始めた現場学習が、上海の西洋文物に接することで絶頂に達した気がした。アメリカやイギリス、フランスなどの文化を見たり体験したりする日々が続いた。

## ◉同胞事業家との出会い

ある日、旅館の主人が上海大韓僑民団の会合に誘ってくれた。以前から僑民団の事務所に行ってみたいと思っていたところだったので、喜んでついていくと、会合にはたくさんの同胞が来ていた。鏞虎は一人一人に、よろしくお願いしますと挨拶した。同じ民族の情が感じられる会で楽しい時間を過ごしているうち、鏞虎は耳寄りな情報を得た。年輩の一人が、こんなことを言ったのだ。

「朝鮮で有名な安基永《アンギヨン》という音楽家が今、上海に来ている。明日、後援者のソン・チャンシク社長が同胞の有志を招待して歓迎会を開くそうだ」

すると横にいた人が、「ああ、何年か前に駆け落ちして上海で一年過ごしたという人ですね」と言い、話題は安基永に移った。その話を聞きながら、鏞虎は考えた。

(直接会ったことはないけれど、甲範おじさんや三番目の兄とは親しいというから、訪ねていって挨拶をしなければ)

鏞虎は安基永のスキャンダルをよく知っていた。彼は声楽家であり作曲家でありピアニストだった。梨花女子専門学校教授だった彼には妻子があったのに、弟子である金顕順《キムヒョンスン》と恋に落ちた。当時三十歳だった金顕順はかなわぬ恋に悩んで肺病にかかった。血を吐いて死ぬ前に一日だけでも安基永と暮らしたいと両親に哀願し、ついに一緒になったものの、封建的な人々の視線に耐えられず、二人は四年間中国やロシアで流浪の生活を送った。安基永はこれを愛の逃避行と言った。

京城の人々にとって、専門学校教授が弟子と四年間も外国を転々としながら愛の逃避行をしたというのは一大スキャンダルだった。その頃、甲範の家に立ち寄った鏞虎が、「いくら芸術家でもそんな勝手なことをして、世の中を騒がせるだなんて」と非難がましいことを言うと、甲範は、「他人事だと思っていい加減なことを言うんじゃない。あの人はお前の三番目の兄さんをよく知っているし、私とも親しい。お前は理解できないだろうが、それなりの事情があるんだ」とかばった。

翌朝、鏞虎はホテルに安基永を訪ねた。挨拶をすると、彼はすぐに鏞虎が誰だかわかった。ひと月前、大連に来ていた甲範が、京城で知人たちに鏞虎のことをずいぶん自慢したらしい。自己紹介が必要ないほど、安基永は鏞虎のことをよく知っていた。

「慎甲範先輩が旅行から戻ったので一杯やった時、君の話を聞いたよ。ああ、そうだ。ちょうど東京から帰ってきていた君のお兄さん（鏞源）も同席していたな。慎先輩によると、事業家の資質があるそうだね」

「お恥ずかしい限りです。まだ初心者です」

「重慶に行こうとするのを止めたと聞いたが、無事でよかった。会えて嬉しいよ。そうでなくとも甲範先輩に、上海で君に会ったら事業をしている同胞に紹介してくれと頼まれていたんだ。それと、君の兄さんも心配しているから、手紙を出しておきなさい」

鏞虎が重慶に行かなかった訳を話し、上海か北京に落ち着くつもりだと言うと、安基永はそれがいいと言った。

「私は商売や事業についてはよくわからないが、戦線をかいくぐるのが危ないということぐらいはわかる。安全な所で事業をしなさい。そして今夜、私の歓迎会を開いてくれるそうだから、一緒に行こう。同胞の事業家たちがたくさん集まるから紹介してあげるよ。君が大連の藤田商事で販売代理店を運営して成功した話を聞けば、君を雇いたがる人はたくさんいるはずだ」

その晩、安基永先生歓迎会は黄浦公園近くの中華料理屋で開かれた。数十人の同胞事業家が集まり、和気あいあいとした雰囲気だった。主催したソン・チャンシク社長が歓迎の辞を述べた。彼は済州島出身で、ワカメの輸出で成功し、日本系の煙草工場を買収して高級煙草を製造していた。

続いて安基永が挨拶をした後に歌った。ピアノを弾きながら、「おお、わが心を誰が知ろう。喉から血を流し、渇くほど呼んだところで何になろう。胸の痛みや悲しさを、おお……」と歌い、突然うなだれて沈黙した。安基永の悲恋を知っている同胞たちも、奪われた国への郷愁に耐えられずにすすり泣き、ついには号泣し始めた。しかし雰囲気はすぐに落ち着いて、皆は酒を飲みながら安基永の演奏と歌に聴き入った。

歓迎会の終わり頃、安基永は同胞事業家たちに鏞虎を紹介しようと、彼を舞台に上げた。

「将来有望な青年を紹介します。名は慎鏞虎、二十二歳です。全日本クラシックコンクールで一等になった慎鏞源君の弟です。鏞源君は反日運動の先駆者で、日本で公演をする時には必ず歌わなければならない『海ゆかば』を、最後まで歌わなかったために、何度も刑務所に入りました」

それから鏞虎が普通学校にも行けなかったのに十年間独学で中学校の課程を勉強したこと、大連で藤田商事の販売代理店を創案し、中国語を身につけ、たくさん儲けたこと、事業をする場所を探して満州の都市を回り、北京を経て上海に来たことなどを話した。そして、必ず大成功する青年だ、どうか助けてやってくれと言った。

安基永が紹介してくれたおかげで鏞虎は上海の同胞の間で有名になり、その晩から自分の家に招待したいという人が続出した。鏞虎は招待してくれた同胞事業家の家を順番に訪問した。皆、上海で事業を興して成功した人たちなので、藤田社長のように鏞虎に関心を持ち、もっと詳しく知るために招待したのだ。鏞虎はこれまで見聞きし、経験したことや将来の夢を話し、成功した同胞事業家の経験談を聴いて新しいことをいろいろ学んだ。そして同胞事業家たちの信頼を得ることが何より大切だと思った。安基永の後援者であるソン・チャンシク社長の家には何度も行き、会社も訪れた。

鏞虎を招待して夕食をご馳走してくれた事業家の中には、自分の家に住みなさいという人もいたし、息子の友達になってくれという人もいた。おかげでしばらくは金持ちの家の息子たちと友人になり、金を使わずに上海のすみずみまで歩いて珍しいものを見て歩いた。

ひと月ほど過ぎ、正式に自分の会社で働けと誘われるようになったが、鏞虎はもう少し上海について学びたいといって断った。資金を提供するから事業をしてみろという人も、金の心配はせずに自分の息子と共同事業をしてみろと提案する人もいた。

しかしそうした勧めに乗るわけにはいかない。月給取りになるつもりは毛頭ないうえに、大連でのように人から資金を出してもらいたいようなアイデアも浮かばなかった。彼はちゃんとした事業のアイデアは机上の空論では得られないことを知っていたから、現場に入って働きながらアイデアを探してみよう、上海社会を底辺から経験してみようと決心した。

手っ取り早く始められる埠頭の仕事から卸売り市場の仕事まで、ひと月近くやってみた。金を稼ぎながら事業のアイデアを探すための苦行だったが、安基永の好意によって出会った上海の同胞事業家から丁重なもてなしを受けて緩んだ心身に鞭を加えるつもりで、生まれて初めて肉体労働に飛び込んだのだ。毎日くたくたになって夜遅く旅館に帰った。ひどく疲れた日には市場近くの労働者合宿所で雑魚寝をすることもあった。

そんなある日、普段何気なく見ていた穀物卸店が鏞虎の目に留まった。米袋を山積みにした貨物車がぞろぞろ入ってくるのを、いつもは何とも思わずに見過ごしていたけれど、その日は、これだ！と直感した。木浦で見た米の卸売り商や町の米屋、故郷の村の稲刈りが突然脳裏に浮かび、北京の穀物市場の風景がそれに重なった。

（そうだ、人は誰でも食べなければ生きられない。それなのに凶作の年には米の値段が高騰して困ることがよくあるじゃないか）

発想のヒントをつかんだ気がした。そこに道があり、もう少し入れば道が開けるかもしれない。

鏞虎は自分を招待してくれたことのある金《キム》社長を訪ね、末端の仕事からやらせてくれと頼んだ。穀物収集商と卸売り商を兼ねていた金社長は、大歓迎してくれた。上海のすべての同胞社長たちが欲しがっていた鏞虎が、自分から働かせてくれと言うのだから、嬉しくないはずはない。金社長は事務職をしろと言ったが、鏞虎はまず穀物収集現場を歩いて勉強したいと言った。

鏞虎が穀物収集現場を歩き始めたのは十二月だ。上海周辺の地域である江蘇省や安徽省、浙江省は気候が温暖で一年中霜が降りない期間が長く、米は二毛作をしていたので、一年中農村地域を歩いて米を集めることができた。ひと月前に日本軍が湖北省の省都である武漢を占領して穀物収集の範囲はいっそう広くなっていた。

鏞虎は安徽省へ最初に出張した際、米は上海から遠い地域から買うほど利益が多いことに気づいた。輸送手段が劣悪だから大都市の近くでは値段が高く、遠くに行けば安い。戦線に近いか遠いかで生活必需品の値段がずいぶん違うということも、出張を通じて確認できた。鏞虎は江蘇省、浙江省にも出張した。買い入れた米は自動車を借りて積んできたり、江蘇省の清江では上海まで運河を利用したりもした。そして行く先々で米を始め各種農産物の価格を調査して記録し、一年前であれ二年前であれ、出来る限り遡って価格の変動状況を調べた。必ず参考になるだろうと思ったからだ。

中国は面積が広いだけに北京と上海では言葉が外国語みたいに違い、生活環境も、生産する農産物も違う。各地域で戦争をしているので貨幣価値が違い、ある所で不足している物が別の所では余っていることも少なくない。物資の不均衡と貨幣価値の違いから発生する構造的特徴を見て、鏞虎は生活で最も必要な穀物の流通こそ、政府が神経を使うべき問題だと思った。しかし中国には、人民の食生活を心配してくれるような政府がなかった。占領軍である日本軍は戦争に血眼になっており、彼らが建てた北京の親日政府はそんな意志もなければ力もなかった。中国の人民はほったらかしにされていた。飢えようが死のうが勝手にしろという具合だった。

中国の現実がわかってからは、穀物の流通こそは中国人民を助け、堂々と金を稼げる一挙両得の事業だと思うようになった。穀物流通は資本金が多ければ大きくできるし、資金が少なくてもそれなりにできる。資金の回転が早いという長所もあった。自分のように健康で若い者が大陸を歩き回ってやってみるのに適当な事業だと思った。

（そうだ、まず穀物流通業をやってみよう）

鏞虎は熟考の末、そう決めた。業種が決まると、どこで事業をするか、上海か北京かを決めなければならない。上海でやるなら資本金調達は難しくないだろう。望めば同胞の事業家たちが、何らかの形で投資してくれそうだ。しかし人の助けを前提に事業を展開するのは穏当ではないと思った。それに上海は華やかでぜいたくなのが体質に合わない。反面、北京は上海と違った。北京を囲む河北省は小麦や高粱が主産物で、他の地方から米を持ってこなければならないから立地条件が良い。歴史のある都市だからか、商人たちにも矜持や自尊心があり、上海に比べて正直なような気もした。北京で事業をやることに決めて、上海を離れる準備をした。

金社長に辞表を出すと、彼はいつか出てゆくのだろうとは思ったが、こんなに早いとは思わなかったと言って残念がった。そして北京に共同事業で支店を出してもいいから、必要であれば連絡しろと言った。鏞虎はこれまで世話になった同胞たちを一人ずつ訪ねて別れの挨拶をした。中でも、特に目をかけてくれたシン・グクホン社長が言った。

「これで縁が切れたとは思わないでおこう。住所が決まったら手紙をくれよ。私にできることがあれば助けるから、必要な時には連絡しなさい」

シン・グクホン社長や金社長は、旅費の足しにしろと言って餞別までくれた。上海にいた六カ月の間、鏞虎の金は減るどころか、むしろ増えていた。肉体労働をしたうえに、金社長の穀物商で四カ月もらった給料に餞別まで合わせると、大連を出る時に持っていた金額とほとんど同じだった。その金があれば北京に行って小規模の事業ができそうだ。江蘇省と安徽省で米を収集した経験からすると、トラック三台分の米が買える。

一九三九年四月、鏞虎は上海から北上する京滬線の汽車に乗って徐州に向かった。北京に直行しないのは、京滬線沿線の都市である江蘇省北西部の徐州や済南、徳州、天津など山東省の都市とその近郊に行って、穀物の需給事情と価格の変動状況を調査するためだ。

## ◉ゲリラ式穀物事業

北京に戻ると春もたけなわだった。千年の古都が、花や新緑に囲まれて若さを取り戻しているみたいに見えた。鏞虎は駅に降りるとすぐ、陳社長の会社を訪ねた。

「おや、慎君じゃないか」

「陳社長、お元気でしたか」

「無事に戻ってきたんだな。それで、何をするか決めたのか?」

「穀物の卸売りをやろうと思います」

「穀物か……元手がかかるだろうに……」

「まずは手持ちの資金で小規模の商売を始めてみるつもりです」

半年ぶりに会った陳社長は、北京に腰を据えて商売をやると聞いて、とても喜んだ。

北京での生活は、最初から多忙だった。北京に来る途中に主要都市の穀物市場を見てきたから自信があったし、事業を始めるためには何をどうすればいいのかも把握していた。北京の穀物市場を歩いて穀物の需給状況と価格変動を調査した。北京の人たちの主食は小麦粉製品だけれど、日本人が急増して米の消費も増加していた。河北省一帯の主産物は小麦、粟、トウモロコシだから小麦粉の需給バランスは取れていたが、米は値段も高く、需給もアンバランスだった。米の主産地である南の地方とは距離が離れているからだ。それで穀物商売は必ず成功すると確信した。

すべての商売は値段の安い所で買って高い所で売ればいい。ほとんどの農産物は旬に値段が下がり、それ以外の季節には高くなる。だが当時の中国は違った。流通条件が悪いうえ、戦争の影響があった。季節と関係なく地域によって価格の差が大きかった。特に米がそうだった。十里離れただけで、ひどい場合には値段が倍になるのを知って驚いたこともある。そんな時、迅速に輸送する手段さえあれば儲かると思った。

もう一つの特徴は、北に行くほど米の値段が高くなることだ。水が流れなければ土地が乾くように、余っている南の米が北に流れないから北の米は高くなる。流れをつける輸送手段がないからだ。当時、中国では陸路による物資の長距離輸送はたいてい鉄道が担い、道路や運河を利用した輸送には限界があった。しかし鉄道の輸送量は軍事物資が大半を占めており、日本軍が完全に掌握しているので、民間の商品を運ぶのは難しかった。前線が内陸西方に拡大し、すべてを軍需物資の輸送に当てていたためだ。日本は自分たちに必要な物を運ぶだけで、中国人がどうなろうが関心を持たなかった。

鏞虎は陳社長が信頼できる人だと言って紹介してくれた運転手一人と共に、トラックを一台借りて現場を回り始めた。流通事業家として大成するための準備運動のつもりだ。

北京を中心に山東省と江蘇省を回り、いろいろな農産物を手当たり次第に安い所で買って高い所で売った。小麦や高粱はもともと単価が安く貨物量に比べて利益が少なかったので、一、二度扱ってやめた。利益の多い米だけに力を入れるのが、資金を分散させないで効率的だとわかった。

そうして江蘇省北部の農村地帯の小都市を回って米を買い、北京や天津の卸売商に引き渡して利益を得た。手持ちの資金を休ませずに回転させていると金はどんどん増えていった。もちろん失敗して大損したこともある。河北省が旱魃で小麦の値段が急騰した時、近くの山東省からトラック数台分の小麦粉を運んでいる途中で暴風雨に遭い、全部捨てた。しかしそんな失敗も事業の基礎を固めるのに役立った。

事務所も持たず、運転手一人だけ雇ってゲリラのように産地と都市を行き来しながら商売に熱中している間に、一年が過ぎた。鏞虎は冷静に考えてみた。これぐらい自分で商売をやってみて、市場調査もしたのだから、もう正式に会社をつくってもいいのではないか。職員数人を雇えるぐらいの金も貯まった。北京にちゃんとした事務所を構えて職員数人を置いてもよさそうだ。

一九四〇年、血気盛んな二十四歳の時に、鏞虎は紫禁城の東の穀物市場からちょっと離れた大通りに小さな倉庫のついた事務所を借りて会社を始めた。税務当局に穀物商として届け出た会社の名は、北一公社だ。河北省で一番、北京で一番という意味で名づけた。それほど夢は大きかったし意欲に満ちていた。大きな看板も掛けた。

「会社名のように北京一の穀物会社になれよ」

陳社長も、北京大学に通う息子と一緒に開業祝いを持ってきてくれた。

事務所と倉庫を見た陳社長は、不思議そうな顔をした。

「どうして倉庫がこんなに小さいんだ。金が足りないのか」

足りなければ貸してやるということだ。

「そうではなく、米を買って倉庫に積んでおいて、値段が上がるのを待つような商売はしないつもりなんです。買占めや売り惜しみみたいな不道徳な商売はしないで、その時ごとに必要な人に届ける商売をします。それが中国の人民のためにもなり、僕の持っている資金を早く増やすことにもなるからです」

だが、陳社長は納得のいかない顔をしていた。

「戦争中だからインフレがひどくて、誰もが現金を持っているのは損だと言って現物を買いたがるのに、君の考えは理解できんな」

鏞虎は陳社長に、インフレ時代に現物を積んでおかないで儲ける方法を説明した。稼いだ金を停滞させず、すぐに品物を買って売り、その利益を足してすぐにより多くの品物を買って売ることを繰り返せば早く資金を増やせる。走っている自転車が止まれないように、休まず売り買いを続けなければならないので市場の情報に機敏に反応しなければならないけれど、会社を急成長させるには最適の方法だ。

「流通が円滑でない中国で、そんなふうに商売ができるのは農産物、特に米です。収集する時も小売商に引き渡す時も米は現金取引で回転も早いから、毎回利益を出した分を足してまた現金を投資して商売の規模を大きくしていけるんです。倉庫に米を積んでおいて、価格を談合して暴利を得ているなどと非難されるのではなく、堂々と稼ぎながら中国の人民を助ける結果にもなるし……。だから大きな倉庫は借りませんでした」

陳社長は、理屈はわかると言いながらも賛成しなかった。現金を好み、現物確保を優先する中国商人の精神には合致しないからだ。それでも黙って聞いていた社長の息子は、鏞虎の説明を聞いて、何か思うところがあったらしい。翌日の午後、北一公社を訪ねてきて、昨日は父が一緒だったので黙っていたと言い、鏞虎にあれこれ質問した。昨日、堂々と稼ぎながら中国の人民を助ける結果にもなる一挙両得の商売をすると言っていたけれど、それが現実に可能なのかと聞いた。鏞虎は明快に答えた。

「もちろんです。そんな商売をするには休まずに考える思考力、旺盛な情報収集力、精力的に動く行動力、必要な時に判断をする決断力がなくてはなりません。この四つさえあれば、米の取引を通じて一挙両得ができると思っています。これは机上の空論ではなく、過去一年間、各地方を回って現場で体得した事業哲学なんです」

彼は鏞虎の話に感服したようだった。彼は北京大学経済学科の四年生で、鏞虎と同じ年頃だった。話しているうちに夕食時になったので鏞虎は彼を食堂に連れてゆき、一緒に高粱酒を飲んだ。父である陳社長の好意を思えば、その息子に特別な愛情を持つのは自然なことだ。帰り際に彼は自分の親しい日本人留学生に紹介したいが、日本人に悪感情を持っているかと尋ねた。

「僕も陳君も彼らも若いんだから、付き合えないことはありません。でも北京大学に通う学生が、学歴のない僕みたいな朝鮮人の商人と付き合いますかね」

「そんなの気にすることはありませんよ。僕は慎君のことを父から聞いてよく知っています。高い志を持つ人間を見下す人がいるものですか。それに、何の関係もない中国人民のために食糧需給のバランスを取ろうという事業哲学が好きです。慎君について話したら、おそらく彼らのほうから付き合いたがりますよ」

彼は真剣な面持ちだった。その後、陳社長の息子は五、六人の日本人学生を連れてきて鏞虎に紹介した。鏞虎は時間のある時には彼らと酒を酌み交し、複雑な情勢や人生についての悩みなどを語り合った。

北一公社の看板を掲げてから、鏞虎の事業は着実に進んでいた。五人だった社員も、一年ほどすると二十人以上になった。それほど売り上げや利益が増えたのだ。

## ◉創造し努力する者にチャンスが訪れる

ある日、陳社長の息子の紹介で付き合うようになった北京大学の日本人学生のうち、三人が訪ねてきた。ひと月後に卒業式を控えていると聞いて、鏞虎は少し早めの卒業祝いの席を設けることにした。

飲みながら、自然に卒業後の進路に関する話が出ると、彼らの表情が曇った。世界情勢に通じた彼らは、昨年ドイツのポーランド侵攻で始まった戦争はヨーロッパ全域に広がろうとしており、遠からずアメリカも介入する兆候があると言う。そうなれば膨張政策に血眼になっている日本がどう出るか不安だ。満州や中国で高級幹部として勤務している父たちは、中国の大学を出たのだからこで日本のために働けと言うが、植民地の搾取には関わりたくない。それで、ものは相談だが、自分たちを北一公社で働かせてくれないかと言うから、驚いた。

「まさか。大卒のあなたたちに米商売などさせられるものですか。そんなの似合いませんよ」

それは本心だった。

「僕たちはこれまで慎社長の仕事を見てきて、卒業したら北一公社に入って仕事を習いながら社会勉強もして、金を稼ぐ方法も学ぼうと相談していたんです。だからどうか、経験豊富で事業のアイデアも豊富な慎社長が、僕たちを活用する方法を考えて下さい」

彼らは本気で提案した。だが名門大学を出た彼らが北一公社で行商みたいな真似をするのは無理だと思った。鏞虎はそんな話はやめて、今日は楽しく飲もうと言ったけれど、彼らは卒業式が終わったらまた来るからその時までに考えておいてくれと言った。

翌朝目を覚ました瞬間から、彼らの提案のことを考え続けた。

(日本人、しかも北京大学を卒業した人たちを社員にするなら、どんな仕事がいいだろう。最前線である農村に行って穀物収集をするのは日本人には危険だ。かといって事務所でするような仕事もない……いい考えはないだろうか)

最初に聞いた時には無理だと思っていたのに、次第に肯定的な考えに傾き始めた。

ひと月して卒業式を終えた日本の青年たちが北一公社を訪ねてきた時には、彼らを迎える準備が整っていた。鏞虎は彼らを連れて飲み屋に行った。

「皆さんが、卒業したら来るからどんな仕事がいいか考えておいてくれと言ったので、今までずいぶん考えました。結論から言えば、北一公社に入ってもらうことにしました。そして、気に入らないかもしれませんが、仕事内容も考えてあります」

三人は手を握ってありがとうと言った。鏞虎は事業計画を説明し始めた。

「これまで北一公社は農村地域の米を買い、北京や天津の卸売商に売って利益を出してきました。皆さんに来ていただくことになれば、これとは別に官庁のような機関に新しい取引先を開拓するのがいいだろうと思っています」

皆はうなずきながら真剣に聞いていた。

「最近の統計では、北京、天津など河北省近くの大都市には日本人が約十五万人、満州の大小の都市には約七十四万人、農村に約三十二万人が暮らしているそうです。この人たちはみんな、華中の穀倉地帯で生産される米を食べています」

彼らは具体的な調査内容に感嘆した。

「しかし中国ではどの地方も米や生活必需品の供給が円滑ではなく、価格変動も激しいのです。日本が穀倉地帯を占領しているけれど、点と線で支配しているだけで、広大な農村のすみずみまで完全に支配できていないことは、皆さんもよくご存じでしょう。それで、満拓が総代理店を通じて米を収集して供給しているものの、必要な米を円滑に受け取れなくて困っていると聞きました」

何年も穀倉地帯を歩きながらそうした事情を把握していた鏞虎は、日本人の青年たちにこの分野を開拓させてみようと思った。

「農民は条件さえ合えば、取引を望む人に関心を持つはずです。満拓に米を供給する総代理店には中国人卸売商が納品していますが、価格の変動と農村のゲリラ活動を口実に、いつも気持ちよく取引をしてくれないようです。こんな事情を知っているので、僕はお三方がこの方面に営業活動をしてみるのがいいと思いました。大きな勝負になる仕事です。どうですか。やってみるつもりなら、お三方の働く営業部署をつくります」

三人は大賛成だった。彼らは鏞虎の周到な事前調査と計画に驚いた。自分たちはまったく思いつかなかったアイデアだと言い、彼の創意力と発想に感心した。それに、自分たちを優待するために新しい営業部署まで設けてくれるというではないか。

世間知らずに見えた彼らにも、意外に鋭敏なところがあって鏞虎を喜ばせた。

「社長の計画に全面的に賛同し、仕事をやらせていただきます。ところで、僕たちがもしその取引先を開拓するのに成功したら、今まで北一公社が取引きしていた量の数十倍の物量を買うことになるかもしれませんが、資金や、買い入れる営業社員の確保について計画はありますか」

「鋭い指摘ですね。それについても対策は考えてあります。営業社員は契約でき次第、募集して研修をすれば大丈夫です。戦争中だから、職にあぶれた有能な人材がたくさんいるのであまり難しくはないでしょう。資金についても腹案があります」

鏞虎は最後に、北京に進出している日本の会社の大卒者と同等の給料を出す、活動費は別に支給すると言った。そして最初の一カ月は自分について穀倉地帯を回り、買い入れと輸送、販売業務を学んでから仕事を始めろと言った。こうして北一公社には既存の市場営業部と、特殊機関を販売先にする新しい特別販売営業部の二つができた。

現場研修を終えた特販部が活動し始めて数カ月すると、希望の光が見え始めた。これまで中国人の穀物商と取引きして彼らの奸計に苦しんできた総代理店が、日本人特販社員の説得に耳を傾け始めたのだ。

年末には具体的な取引条件が提示された。提示された条件は、まず総量の半分を割り当て、実績が良好なら全量を独占できるというものだった。最初の取引条件としては期待以上の成果だ。相手もたくさんの中国人穀物商を相手にする煩わしさから解放されたいらしい。特販部の報告を受け、鏞虎はすぐに資金調達に乗り出した。数カ月前から陳社長に新事業の内容を説明して、うまくいったら必要な資金を借りられるよう斡旋してくれと頼んであった。

陳社長は、よかった、おめでとうを連発し、わがことのように喜んでくれた。そして金を貸してくれそうな人と約束できたら連絡する、一緒に行って交渉しよう、とても慎重で気難しい人だから事業計画書を作ってこいという。陳社長も、急に資金が必要になった時に世話になっている人だそうだ。

数日後、陳社長は中国人富豪に鏞虎を紹介した。陳社長が前もって話をしておいたので、彼は鏞虎のことをよく知っていた。しかし中国人富豪は、提示された金額が予想外に大きいと言って難色を示した。鏞虎は事業内容を詳しく説明し、利子以外に純利益の十パーセントを払う資金運用計画書を見せた。経理担当は、そちらの決めた人を使うと言った。

だが富豪がまだためらっていたので、鏞虎は焦った。金が借りられなければすべては水の泡だ。こんな時ほど冷静にならなくてはならないと自分に言い聞かせ、陳社長の顔を見た。その時、陳社長が唐突に言い出した。

「この方には君と同じ年頃の息子さんがいる。金を貸してもらえなくても、北一公社で採用できないか。君の所にいれば、学ぶことは多いと思うが……」

その瞬間、陳社長の魂胆がわかった。

「そうしましょう。僕と同じ年頃の息子さんがいるとは知りませんでした。お金を借りることとは関係なく、もしよろしければ職員として採用しますよ」

「それはよかった。慎社長の所で働けば、誰でも立派な人間になれるさ。心配が一つ減りましたね。うちの息子も慎社長を尊敬しているんですよ。北一公社で働きたいというのを、うちの仕事を見習えと言って私が引きとめたんです。北京大学を出た日本の青年三人も慎社長と付き合って、とうとう自分たちから志願して北一公社に入社したと息子が言っていました」

富豪の気持ちが、少し動いたようだった。彼は息子のことで頭を悩ませていた。放蕩息子を真人間にしてさえくれるなら、金など問題ではない。交渉がうまく運ばないのを見た陳社長が、富豪の悩みを思い出させたことは効果があった。富豪は息子を働かせてちゃんとした人間にしてくれるなら、必要な資金はいくらでも出すと言い、鏞虎は、借入金とは関係なく、明日にでも息子さんを会社に寄越してくれれば働かせると約束した。富豪も数日以内に行かせるから鍛えてくれと言った。鏞虎は胸をなでおろした。天文学的な巨額を借りるのに成功したのだ。すべて陳社長の好意と機知がなければ不可能なことだった。

陳社長と知り合ってからの三年間のことが走馬灯のように脳裏を駆けていった。遠い異国でこんな人と親しくできるのは、何と心強く、ありがたいことだろう。陳社長の店まで一緒に帰りながら、鏞虎は何度もお礼を言った。陳社長も喜んでいた。こうして万全の準備を終え、総代理店との正式契約を待った。

## ◉跳躍の足がかりをつくった北一公社

正式契約を待つ間、世界は戦争の泥沼にはまろうとしていた。ヨーロッパ全体が戦争の渦に巻き込まれ、日本はその隙に乗じてフランス領インドシナに進駐した。八月には八路軍四十万人が西北地方を中心に出撃し始め、山西省東部と河南省西部で日本軍に打撃を加えた。そのいっぽう、数カ月後には揚子江の南で国民党軍が欺瞞戦術を使い、共産軍である第四軍を包囲攻撃するという突拍子もない事件が起きた。敵国である日本軍が目の前にいるのに、自分たち同士で戦ったのだ。しかし安全地帯にいる中国の人々は対岸の火事を見物しているみたいに落ち着いていた。長い間戦乱を見てきた彼らは、自分と家族に直接危害が及ばなければ何が起ころうとも関係ないという態度だった。中国人のそんなおおらかさは、事業を大きくしようと東奔西走している鏞虎にとって好都合だった。

一九四一年正月、ついに満拓総代理店から正式に穀物納品契約をしようという知らせが来た。一分期の収買量は米一千石で、納品期限は三月末だった。良質の米を期限内に納品すれば量を増やすという約束と共に、鉄道輸送に必要な車両を手配してくれるという確答も得た。契約書を持って会社に戻った鏞虎は感慨無量だった。大事業家の夢をかなえるきっかけをつかんだと思った。彼は全社員が参加した宴会で契約内容を発表し、祝杯の音頭を取った。そして言い出しついでに、ずっと考えていた腹案も発表した。

「今日はわが北一公社が跳躍の足がかりをつくった日です。この喜ばしい日に、皆さんに贈り物をしようと思います。私は平素、会社がうまくいけば社長一人が儲けるのではなく、社員全員が利益を得るべきだと思ってきました。それで、この日をきっかけに、皆さんにも利益を分配する制度を作ることを約束します。毎年、年末決算を全社員に公開し、経費と人件費を除いた純利益の五十パーセントは事業に再投資して、残り五十パーセントを皆さんと資金を出してくれた人と私で分けましょう」

そして分配する五十パーセントについて具体的な内容を説明した。

「これから必要な資金は借入金を充てるつもりです。金を貸してくれた人に元金を返すまで、利子以外の分配用利益金の十パーセントを渡し、社員の皆さんには月給以外に分配用利益金の五十パーセント、社長である私に四十パーセントを配当します。利益配当は年末決算後、すぐに行います。利益が多いほど、年末に皆さんに入るお金も多くなります。頑張って下さい」

全社員が喜んで立ち上がり、拍手をした。踊り出す社員もいた。それまでも他の会社より給料が多く、若い社長は丁寧に接してくれたし、学ぶべきこともたくさんあり、会社のことを自分のことのように思ってきたので、心から喜び、感謝した。

一分期の事業は順調に進んだ。営業社員は二、三人がひと組になって農村地域の小都市をせっせと回って米を買い、買った米をトラックや牛馬の引く荷車で駅まで運んだ。そして特販部の社員が貨車を管理しながら買ってきた米の品質を点検し、指定された場所に運搬して納品した。そうして京滬線鉄道の通っている都市を二カ月ほど回って納品を終えた。

第一次納品は成功だった。満拓総代理店は、品質も優秀で納品期日も短縮できたと言って納品量を大幅に増やしてくれた。納品量が増えたので、北一公社の社員数も百名を超した。会社を設立して二年にしかならないのに、百数名の営業社員は大量の物資を動かして莫大な利益を出した。金が金を稼ぐという言葉のように、借入金を返してしまうと、利益はどんどん増えた。約束どおり社員に配分しても二、三年後にはとてつもない金が貯まりそうだった。年末に受け取る配当金が増えて社員も士気が上がった。

ひたすら事業に熱中していた鏞虎に、ある日、電報が来た。「チチキトクスグカエレ」という母からの電報だ。北一公社を創業して以来、手紙はよく出していたけれど、いつも元気だから心配するなという返事を寄越していた父が、危篤だとは。ぐずぐずしている暇はない。すぐに北京警察署で旅行証明書を発給してもらい、その日の晩に汽車に乗った。旅行証明書がなければ汽車の中で検問に引っかかってひどい目に遭うかもしれない時代だ。高額納税者である北一公社の社長なのですぐに出してもらえた。朝鮮でも使える日本円の現金をカバンに入れた。

急行列車を乗り継ぎながら真っすぐ家に駆けつけると、驚いたことに父が元気で中庭を歩いているではないか。

「お父さん、大丈夫なんですか。いったいどういうことです」

父は急いで門を入ってきた鏞虎を見て、気まずそうな顔をした。

「こうでもしなけりゃ、お前は帰ってこんだろ」

二人は部屋に入った。両親に挨拶をして、訳がわからないという顔で座っている鏞虎に、父が口を開いた。

「お前ももう二十六だ。金儲けもいいが、そろそろ結婚しなければいかん。お前に嫁を取らせるために嘘の電報を打った」

鏞虎が口を挟む隙もなく、父は話し続けた。

「いい娘さんがいたから、両家で話し合って決めた。お前が帰り次第、式を挙げることにして待っていたんだ。つべこべ言わずに結婚しなさい」

父の説明によると、相手は母と同じ文化柳氏で、家柄も良く、普通学校を卒業した聡明で礼儀正しい娘さんだと言う。自分を説得しようとする父の横で一生懸命加勢している母の切実な目つきに、鏞虎は両親が息子を思う気持ちを読み取った。両親は遠い異郷で独身のまま年を取ってゆく息子を思うと夜も寝られない、ずっと考えた末の苦肉の策だったのだから、理解してくれとも言った。息子を思う気持ちに、胸がじんとした。

これまで鏞虎は事業に熱中するあまり、結婚について考える余裕がなかった。両親の話を聞いて初めて自分の年を実感し、婚期が過ぎていることに気づいた。たいていの人は二十歳頃に結婚するのに、自分はずいぶん年を取ってしまった。両親が気に入った人なら結婚してもいいような気がして、「おっしゃるとおりにします」と明快に返事をした。

これまで心配をかけてきたのだから、結婚ぐらいは言われたとおりにするのが子供としての道理だとも思った。数日後、新婦の家で新郎新婦が伝統的な婚礼衣装を身に着けて式を挙げた。今まで異性に興味を持つ暇もなかった鏞虎は、突然結婚することになって最初は当惑したけれど、素直で美しい新婦を迎えて胸がいっぱいになった。披露宴も豪勢に行われた。六人兄弟が出席し、大家族が久しぶりに集まった。鏞虎は久しぶりに家族と話をした。結婚の喜びと共に、家族の強いきずなが胸に迫った。甲範も京城から祝いに駆けつけてくれた。

短い期間とはいえ、鏞虎は夢のような新婚の日々を送った。両親は新婦を北京に連れて帰れと言い、彼もそうしたかったが、三番目の兄鏞源と甲範は、もうすぐ日本が敗ける、そうなれば中国大陸が混乱して危険になるから新婦は両親のもとに置いておけと言った。もし日本がなかなか敗けなくても、新郎が金を稼いで故郷に戻って事業をするつもりなら、若い新婦をあえて遠い他国で苦労させる必要はないというのだ。彼らの説明を聞いて、両親は鏞虎の意向を尋ねた。

「お二人の話を聞くと、ひとまず僕一人で北京に帰るのが良さそうです。一、二年後に状況を見て連れていきます」

残念ではあったけれど、新婦のためにもすぐに北京に連れていかないほうがいいと思った。鏞虎が旅立つ日、新婦は寂しさと恥ずかしさで顔を挙げられないまま見送った。

## ◉師を失った悲しみ、そして日本の敗亡

美しい妻を娶《めと》り家族の情をたっぷり感じて北京に戻った鏞虎は、新たな気持ちで再び事業に没頭した。納品営業量は特に変動なく毎年一定量を維持していたが市場営業量は増加し、取引量が年に一万石を超えて利益も莫大になった。名実ともに大企業を運営する事業家になったのだ。再投資をしなくてもよい配当金まで貯まり、個人的な余裕資金もかなりの額になった。その金を中国の銀行と日本の銀行に分散して預けた。

当時、中国には複数の通貨があった。一九三五年に蒋介石政府が中央銀行と中国銀行など四つの銀行に発行権を与えた法幣と、数種類の日系通貨だ。占領者である日本はなるべく法幣を使わないよう圧力をかけたが、中国人は日本の手が届かない国民革命軍や共産軍地域の交易に使われる法幣を好んだ。北一公社の営業社員も買い入れのために数種類の貨幣を持ち歩いた。鏞虎は故郷から戻って以来、個人の金は日本の銀行に預けた。故郷の家に送金するのに便利だからだ。そして毎月、許容される範囲内で母あてに送金した。一度に多額の送金をすることはできなかった。

鏞虎が北京に戻って数カ月後、甲範が北一公社を訪ねてきた。結婚式が終わって別れる際に、もう事業も軌道に乗ったから一度北京に来て下さいと招待した時、近いうちに行くよと言っていたので、心待ちにしていたところだった。甲範は李陸史と一緒に来た。

「残してきた嫁さんが恋しくて、顔がやつれたな」

甲範にからかわれて、鏞虎は顔が赤くなった。

「結婚おめでとう。知らせを聞いて、鏞源君にも会いたいから出席しようと思ったのだが、都合がつかなくてね」

陸史も祝いの言葉をかけてくれた。

熱いお茶を飲みながら、鏞虎は二人に北一公社の事業の進展具合を説明し、祖国の独立のために自分も役目を果たす時が来た、資金をどこに提供すべきか教えてくれと言った。陸史は穏やかな笑みを浮かべて鏞虎の手を握った。

「慎君は立派な朝鮮の青年実業家だ。倭奴と戦うために同胞青年たちが光復軍（一九四〇年九月に重慶で組織された大韓民国臨時政府の軍事組織）に入ってきても、銃が足りない。臨時政府が蒋介石将軍に頼んで調達しているけれど、難しいことが多い」

「必要な金額を教えてもらえれば、明日にでも銀行で下ろしてきます。これからも必要な資金は、連絡いただければいつでも送りますよ」

その日の夕方、鏞虎は中国人富豪が大勢出入りする料理屋で二人を接待した。日本の官憲の目を避けるためだ。そこで二人からいろいろな話を聞いた。遠からず日本は敗ける。重慶にある臨時政府は光復軍を組織して対日戦に参戦させる準備を整えており、朝鮮に潜入させて武装闘争をする計画もあるという。そんな話を聞いて鏞虎の胸は弾んだ。命懸けで抗日闘争をすることはできなくとも、堂々と事業をして後援するのも意味のあることだと思った。

「いつとは断定できないが、日本が敗けるのは間違いない。抗日運動に資金を出しながら、できれば故郷に送金して土地でも少しずつ買っておきなさい」

「送金額が制限されていて、まとまった金額は送れないんです」

「それも日本が敗けることの兆候だ。方法を考えてみろ」

甲範が忠告すると、陸史もうなずいた。

「同感だ。日本が敗けたらすべてを失うことになりかねない。前もって準備しておくのがいい」

翌日鏞虎は銀行で金を下ろして陸史が必要とする資金を渡し、それとは別に、二人に十分な旅費を渡した。苦労して稼いだ金がたくさん出ていったけれど、気分は良かった。祖国のために初めて大金を提供したことが誇らしく、これだけは続けようと心に誓った。

それ以後も陸史は自分で来たり、人を寄越したりした。その時ごとに鏞虎は多額の資金を提供した。ある時、夜遅く訪ねてきて、準備しておいた資金を受け取ると、陸史はこんなことを言った。

「何度も大金を出してくれてありがたいよ。慎君こそは真の愛国者だ。情熱的な愛国青年がどんなにたくさんいたところで、武器がなければ戦えない。慎君は光復軍数十人分の役目を一人で果たしているようなものだ。君みたいな事業家がいなければ、抗日運動はできない」

「朝鮮人として当然のことをしているまでです」

「そうじゃないよ。恥を知らない親日事業家は利権に目がくらんで総督府に飛行機を献納しているんだから……君のような事業家があと数人いたら、すぐにでも祖国を取り戻せるのに……」

他人に聞かれないよう低い声でささやく陸史の声には、鏞虎に対する感謝と賞讃がこもっていた。しかし鏞虎は、衰弱した身体で異国に来て困難な活動をしている陸史のことが心配だった。

その年の初夏を過ぎると、陸史からの連絡が途絶えた。冬になっても連絡がないので心配していた時、甲範から手紙が来た。この夏に陸史が京城に来て日本の警察に逮捕され、北京に移送されたのだが、北京の刑務所で拷問されて一月中旬に亡くなった、遺骨は弟たちがなんとか国内に持ち帰ったという、衝撃的な内容だった。冷たい北京の獄舎で肺病に苦しみ満身創痍で息を引き取った陸史の姿が脳裏に浮かんだ。陸史の父や兄たちも何度も日本の警察に捕まって苦労していた。

鏞虎は陸史を思いながら街に出た。冷たい風が骨身に沁みた。声を上げて泣きたかった。両手を握りしめて振り回した。甲範と共に、もう一人の師と仰いでいた陸史の死は、とうてい受け入れることができない。鏞虎は陸史の白く細い手を思い、彼の詩を暗誦した。京城で買ってきた雑誌『文章』で陸史の詩を初めて読み、自分の立場を歌っているように思えて胸が詰まり、暗記していた「絶頂」だ。

冷たい季節に鞭打たれ
とうとう北方にまで吹かれてきた
空ももう疲れて終わった高原
刃《やいば》のような霜の上に立つ
どこにひざまずけばよいのだ
足を踏み出す場所すらない
ただ目を閉じて考えるのみ
冬は鋼鉄の虹であるらしい

つらさを忘れるために、鏞虎はいっそう事業に没頭した。もっとたくさん稼ごう、稼いで意味のあることに使おうという気持ちに促されていた。走る馬を鞭打つような情熱だった。

一九四四年の事業実績を決算してみると北一公社創業以来最大の黒字で、社員の配当もそれだけ増えて、皆がお祭り気分だった。年が変わり、正月からアメリカの爆撃機が初めて日本本土を空襲した。日本軍がアメリカ軍に追われて南洋群島をすべて明け渡したという噂が広まり、四月には沖縄にアメリカ軍が上陸したという噂が流れた。中国戦線も八路軍が攻勢を強めたという。世の中が騒がしくなると、日本はもうすぐ敗けるから稼いだ金を賢明に処置しろという甲範の忠告が思い出された。

毎月母あてに送金してはいたが、北京銀行に眠っている金に比べれば、わずかなものだった。朝鮮に送金しようとあれこれ画策してみたけれど、簡単にはいかなかった。李陸史が亡くなった後、事業に傾けていた情熱を朝鮮に送金することに傾けていたら、何とか方法は探せただろうと悔やまれた。仕事が手につかなかった。二分期の米の納品も中断したのに、総代理店からは何の反応もなかった。買占めや売り惜しみが横行し、農産物の値段が跳ね上がった。

正確な情報を収集して情勢をうかがうことにした。集まった情報はすべて、日本が敗けるというものだった。敗けるにしても、本土決戦を準備しているからもう少し続くという人もいれば、もうすぐだと言う人もいた。鏞虎は日本の敗戦が近いことを前提にして備えなければならないと思った。日本が敗ければ、国民革命軍と共産軍の敵対的な雰囲気からして、中国で内戦が起きる可能性が大きい。事業を整理して国に帰らなければならないが、これまで必死でやってきた事業と貯めた金が惜しかった。そうして焦燥の数カ月を送っているうちに八月になり、二度の原爆投下に驚いた日本は、無条件降伏を宣言した。

## ◉経験だけを携えて帰国

八月十五日正午、北京の空が真夏の太陽に焼かれていた時、ラジオから日本の降伏を宣言する天皇の声が流れ、北京市民は街に出て万歳を叫びながら踊った。

鏞虎は会社を整理して帰国する準備を急いだ。製造業ではないから整理は簡単だ。在庫はわずかで、現金がすべてだった。全社員が納得できるよう十分な金を渡し、これまでの労苦に感謝した。自分の金は、どうなるかはわからないけれど最後まで持っていようと思った。そして朝鮮で使える金に換える方法を調べた。天津に行けばドルを買えると聞いて急いで行ってみたけれど無駄足だった。金塊に変える方法も調べたが、やはり駄目だった。陳社長が残念がって、自分の持っている金塊を二つ出してくれたので時価の数倍で買い、まだ残っていた社員が数千ドルを購入してくれたのが、持ち出せる金のすべてだった。

北京には帰国しようとする同胞が集まった。北京近郊や山海関の外にいた同胞まで集まったから大変な人数になった。日本軍や光復軍から復帰した青年たちもいた。中国に来ても糊口をしのぐのがやっとの貧しい暮らしをしてきた人々は、たいてい飢えていた。空腹で泣く子供の姿は悲惨だった。

鏞虎は焦り、北一公社の倉庫に残っていた米を同胞たちに分け与えた。米がなくなると銀行で法幣を下ろして分け与え、飢える同胞を助けた。しかしそれも長続きはしなかった。北京を接収した国民革命軍が、外国人の預金を一定金額以上は下ろせないよう凍結したからだ。日本人が財産を持ち出せないようにするための措置だったが、鏞虎が銀行に預けていた莫大な金も凍結され、血と汗で稼いだ大金が絵に描いた餅になってしまった。がっくりしたけれどどうすることもできない。穀物買い入れのために持っていた金だけはどうにか同胞のために使うことができた。

日本が敗けると中国社会は極度の混乱に陥り、同胞もそれに巻き込まれた。蒋介石の国民党派と毛沢東の共産党派、そして西安事件の首謀者である張学良の合作派が勢力争いを繰り広げた。北京に集まった同胞大学生も各派に別れて争った。鏞虎が倉庫を一つ借りて行き場のない大学生を集めると六十三人もいた。彼は学生たちに、ただ祖国のことを思い、帰国してから何をすべきか計画しろと言った。

そうしているうちに、中国に住む朝鮮人を帰還させるためのアメリカ人調査団が北京に到着した。団長はブラウン少将で、後に咸鏡南道《ハムギョンナムド》知事になるチョン・チュンモが通訳を務めていた。調査団は中国北部に住む朝鮮人は北京に、南部に住む朝鮮人は上海に集めて船を出してやると約束した。

北京に集まった帰国希望の同胞は三万人に達し、帰国部という部署ができて一部署に一万人ずつ配置された。鏞虎は第二帰国部長に任命されて帰国船が来るまで同胞の安全に責任を持った。それで数カ月の間彼らに衣食を与えるために、持って帰るつもりだった金を使い果たしてしまった。それとは別に世話をしていた大学生たちを中心に、僑民青年団を組織して治安を任せた。また、同胞たちの不安や心配を解消するため『僑民報』という新聞を発行した。しかし僑民を助けるには巨額の費用が必要なので鏞虎一人の力ではどうにもならない。一日も早く帰国船が来るのを待つほかはなかった。

一年が過ぎ、アメリカ軍の戦車揚陸艦一隻が天津港に入ってきた時の嬉しさと喜びは、言葉では表せないほどだった。同胞たちは組を編成して乗船手続きを待った。鏞虎は千人以上の同胞と共にこの船に乗って天津港を出た。上海を経て釜山港に行くのだ。船は上陸用の軍艦だからか、ひどく揺れたうえ、上海に寄港するので航路も長くて苦労した。

船は上海港を出ると北東に向かった。陸が次第に遠ざかるのを見ていた鏞虎の目に、薄い霧がかかった。十年間、青春を捧げた大陸が視野から消えようとしていた。夢のようだったけれど、それは現実だった。鏞虎にはカバン一つしか残っていない。頭の中も空っぽになり、裸ん坊になったみたいに頼りなかった。大陸が見えなくなった。鏞虎は海風で深呼吸すると、ちょっと頭が冴えた気がした。甲板の上に寝転がっている大人や子供のうめき声で現実に引き戻された。

(そうだ、現実はいつでも僕と一緒にある。大陸で金を稼いでいたのはもう過去のことで、大金を北京に置いてきたことも、取り返すことのできない過去に過ぎない。生活の基盤を捨てて身一つで逃げてきた貧しい同胞と共に帰国船に乗って故国に帰ろうとしているのが、今の自分の現実だ。故国を出て大陸に行く時も無一文だったけれど、帰国する今も似たようなものだ。しかし国を出る時には意欲と情熱しかなかったのが、今は十年前にはなかった経験や洞察力があるではないか）

そう考えると、北京に金を捨ててきたことも、少しも惜しくはなかった。むしろ気軽になった気すらした。何も持たずに異国の厳しい環境の中に行って成功したのだから、独立した故国で不可能なことはない。鏞虎は水平線を眺め、これから新たな希望を持って新たな仕事を創造しようと心に決めた。輝く海の穏やかな波を見ながら家族の顔を思い浮かべた。妻の顔だけは、はっきり浮かばなかった。式を挙げて一週間一緒に過ごしただけで、四年間離れていたのだからぼんやりしているのも当然だ。申し訳なさと、会いたさで胸がいっぱいになった。

天津から釜山までの十五日間、船室すらない甲板の上で腹をすかせていた人たちは、船酔いしても吐く物がなかった。鏞虎は甲板を歩いていて、階級章をはずした軍服姿の男に目を止めた。海を眺めながら思いにふけっていた男と、自然に言葉を交わすようになった。

「僕は霊岩出身の慎鏞虎です」

「僕は亀尾《クミ》生まれの朴正熙《パクチョンヒ》です。慎さんが第二帰国部長として頑張っていたことはよく知っていますよ」

彼は同い年で、八月生まれの鏞虎より数カ月後の生まれだった。

「朴さんはこれから何をするつもりですか」

「そうですねえ……じっくり考えてみようと思います。新しい国家を建設するのだから、やるべきことはたくさんあるでしょう。慎さんはまた事業を興すのですか」

「僕は学歴がないし……事業の経験があるから事業をすべきなんだろうけど、稼いだ金はそっくり中国に置いてきたので、どうしていいやら」

二人の気持ちを知っているかのように、穏やかだった海が突然荒れだした。解放された祖国の将来もこんなふうに揺らぐだろうと思うと、いっそう気が重くなった。鏞虎と朴正熙は祖国の将来に貢献しようと励まし合った。後に教保生命を創業して会社の基礎を固めていた時、鏞虎は五・一六軍事クーデターのニュースを耳にした。黒いサングラスをかけて市庁前広場で〈革命軍〉を指揮する朴正熙を見て、船で会った時の姿を思い浮かべた。

あと一時間で釜山港に到着するというアナウンスが流れた。ようやく故国に戻れると聞いたからか、陸地の草木の匂いが海風に乗って漂ってくる気がした。遥かな地平線の上に、十年ぶりの祖国の山河が輪郭を現わし始めた。

釜山港は帰国者で混みあっていた。久しぶりに帰った人たちは埠頭に造られた両替所で手持ちの金を朝鮮銀行券に換え、検疫を受けると家路を急いだ。鏞虎も検疫と入国手続きを終えて京釜線の汽車に乗り、大田《テジョン》で湖南線に乗り換えた。車窓からは田植えをしている様子が見えた。久しぶりに見る、懐かしい光景だ。船室のない大型上陸艦艇の甲板で何日も過ごしてくたびれていたけれど、風景を見る鏞虎は浮き浮きしていた。懐かしい両親や兄弟や妻の待つ家に向かっていると思うとそわそわした。

両親は木浦の家を処分し、霊岩で鏞虎の帰国を待ちわびていた。中国からの帰国者が仁川《インチョン》や釜山に着くたび新聞が大きく報じたのに、鏞虎は解放されて一年たっても帰らないから心配していたが、そんな中でも還暦を過ぎた父は霊岩郷校《ヒャンギョ》（高麗・朝鮮時代に地方に設けられた、文廟とそれに付属する学校）で教えながら、永保《ヨンボ》国民学校（現、初等学校）と霊岩中学校の設立会長として教育事業に携わっていた。

鏞虎が家に戻った日、父は長い悪夢から覚めたように安堵のため息をつき、「お前が帰ってきて、もう安心だ。六人兄弟がみんな無事に生き残って、倭奴がいなくなった祖国で思い切り活動できるようになったのだから、これ以上望むことはない。国だけではなく、わが家にも光が戻った。六十年生きてきて今日ほど嬉しい日はない。遠くにいるお前の兄たちも呼んで祝おうじゃないか」と言って鏞虎の肩をなでた。父は常に謹厳で寡黙だと思っていた鏞虎は、喜びを隠そうとしない姿に愛情を感じた。母は心配しながら待ち続けた息子の手を握り、船旅でやつれた顔を黙って見ていた。妻は待ちわびていた夫が戻ってきたのに、新妻らしく恥じらうだけだった。

鏞虎が帰ってきたと聞いて兄弟たちが駆けつけ、家は数日間お祭りのような雰囲気だった。父と母は六人兄弟が集まって積もった話をする姿を見て喜んだ。兄弟たちは植民地下での苦労を回想し、苦労した両親に楽をしてもらおうと言った。鏞虎はこれからどうするつもりかと兄たちに聞かれて抱負を述べた。中国で貯めた金を持って帰れなくてまた無一文になったけれど、これまで逆境を克服して経験を積んだから、それを元手にまた事業を成功させると答えた。

松陽書院の松陽祠に行って先祖に帰国を報告し、妻と共に妻の実家に挨拶に行った。母と妻が一生懸命世話をしてくれて元気を取り戻した鏞虎は、解放された祖国の未来を事業によって開拓しようという志を抱いて旅に出た。しかし経済と政局の混乱は、前途に茨の道を予想させた。

# 第四部

# 挫折と失敗の連続

## ◉危機は絶望ではなくチャンス

「雨だれ石を穿《うが》つ」という言葉を胸に鏞虎が創業した大韓教育保険株式会社は、飛躍的な発展を遂げた。一九七八年度に保有契約額が一兆ウォンを突破し、一九七九年には二兆ウォンと、毎年、急成長していた。会社の基礎を築いた鏞虎は、一九七五年に会長の座から退いて名誉会長となった。そして四年後、本社の社屋が完成する頃、自らの経営哲学に従って〈創立者〉と名乗った。創業者が会長あるいは名誉会長として経営に影響を及ぼしていた時代に、それは聞きなれない肩書だったが、大韓教育保険を創立した人という意味の慎ましい呼称には、初心に帰って会社の発展のために尽くそうという意味が込められていた。

勤勉で誠実な家長が、子供たちが大人になると頃合いを見計らってすべての実権を譲り渡し、経験と知恵で家庭や町の発展に貢献するように、創立者として会社の経営を補佐するという意思を表した呼び名だ。当初はまごついていた役員たちも、次第に慣れた。

そうして経営から一歩退いた鏞虎は、細かい業務を離れて重要なことの相談に乗り、会社の将来を計画し構想することに専念した。しかし史上最悪の国家危機と言われたアジア通貨危機が起こると、会社を救うために第一線に復帰せざるを得なかった。一九九七年十一月二十一日、韓国政府は、対外債務を返済できず国家が不渡りを出す事態を回避するために国際通貨基金（ＩＭＦ）の救済金融を受け入れると発表した。予想していたことではあったが、鏞虎を始め、教保生命の役員たちはひどいショックを受けた。

事業家たちは皆、後頭部を殴られたようにしばらく呆然としていた。倒産する会社が後を絶たず、為替市場は波のように揺れ動いた。わずか数カ月前に一ドル六百ウォン代だったのが、二千ウォン代を行き来した。不渡り率は史上最高になり、街に失業者が溢れた。職場を失い家族までばらばらになった人たちはホームレスになった。家庭の経済が困難に陥り、保険を解約する人が続出した。

鏞虎はＩＭＦの嵐の中で、大韓教育保険を創業した頃のことを思い浮かべていた。わが国に現代的な保険ができたのは日本の植民地時代のことだ。日本は民間の保険会社と朝鮮総督府の逓信局を通じて保険を販売したが、ほとんど強圧的だった。保険を通じて朝鮮人の懐を収奪し、その金を植民統治と戦争の費用に活用した。特に日本の敗戦後、保険金を取り戻せなくなると、保険について良くないイメージが持たれるようになった。さらに朝鮮戦争によって保険業の土壌はすっかり乾いてしまった。

鏞虎は乾ききった土を素手で掘り返して教育保険の種を蒔いた。それこそ無から有を創造する冒険と挑戦だ。ＩＭＦの通貨危機も、その頃と同じような危機的状況だった。

まずすべての役職員に解約防止相談の仕方を集中的に教え、保有契約を死守することに総力を傾けた。同時に状況の変化に対応するため、業界初の、失業者のための保険を開発した。これを通じてＩＭＦ初期の大量解約を乗り越えた後、会社が保有している株式を売り資産を国公債中心に転換して評価損を減らしていった。

会社の流動性確保に力を入れ、二兆ウォンの支給能力を確保すると、鏞虎は経営陣に、危機は絶望ではなくチャンスであると強調した。危機の中でチャンスを探せというのだ。危機的な状況は保険産業の核心である優秀な人材を確保する絶好の機会だ、よそが減員している時に社員を採用すべきだと経営陣を説得した。それで一九九八年と一九九九年にそれぞれ六百名の新入社員を採用し、一九九九年にはアジア通貨危機で急増した失業者の家庭の主婦を〈保険設計士〉として積極的に採用した。

非常時には非常な方法で危機を打開するという逆転の発想戦略で、他の企業が新規採用を中断し、構造調整を断行して大量の失業者を出したのとは正反対の冒険だった。鏞虎は人を減らそうと提言する役員に言った。

「保険業は人材産業です。すべては人によって成し遂げられます。人を大切にして育てなければ会社は発展しません。それが私の信念です。危機だからといって経験を積んだ職員を追い出すのは、目の前の利益のために明日を台無しにするようなものです」

「でも経営条件が好転するまで、引き締めないと」

「そのとおりです。会社が大変なのだから、必要のない経費は削って節約しなければなりません。しかし人に対する投資は、むしろ増やすべきです。それでこそ、会社の未来が開けます」

人に対する投資と人材保護は、職員たちの士気に大きな影響を与えた。失業者が溢れるＩＭＦの荒波の中でも自分たちを大事にしてくれる創立者の信念を確認した人々は、会社に対する愛情を深めた。人材を尊重した鏞虎の経営哲学と逆転の発想が生きたのだ。会社の経営は再び順調になった。役職員は鏞虎の猪突猛進的な危機管理能力を、大山《テサン》ダイナマイトと呼んで拍手を送った。

ＩＭＦの時に少なからぬ打撃は受けたものの、財務構造は常にしっかりしていなければならないという平素からの信念が、危機を克服してチャンスをつくる動力になったのだ。巨大な堤防が一気に崩れたように、会社はもちろん韓国経済全体が水浸しになった恐慌を抜け出した。鏞虎は北岳山を見ながら絶えず危機と挑戦、そして新しい創造の橋を渡らなければならなかった過去を回想した。倒れないために走り続ける自転車のように、一瞬も緊張を緩めることができなかった事業家の道。中国での成功が水泡のごとく消えて以後、どれほど多くの苦杯をなめてきたことか。過去を振り返る鏞虎の肩の上に、夜の帳《とばり》が下りようとしていた。

## ◉建国の土台となる出版事業

解放の一年後にようやく帰国できた鏞虎は、祖国で何をすべきかを考えるため旅に出た。満州と中国でやったように、事業のアイデアを探す現場調査だ。ソウルに着くとすぐに帰国の挨拶をしに甲範を訪ね、人生と事業に目を開かせてくれたソウルの街をじっくり眺めた。通りや建物は変わりなくとも、建物の壁や塀には刺激的な政治スローガンやポスターがべたべた貼られていて、人々の顔から解放の感激は既に消えていた。

解放されて一年以上過ぎたのに、見通しは明るくなかった。朝鮮半島を南北に分断した三十八度線は次第に硬直して人々の往来を妨げていたし、左翼と右翼が共に参加する政府をつくろうとして始まった米ソ共同委員会も無期休会に入り、再開されそうになかった。呂運亨《ヨウンヒョン》と安在鴻《アンジェホン》を中心とする左右合作運動も解放直後から対立と闘争を繰り返していて、両陣営の譲歩を引き出すことは難しいと見られていた。

解放の感激と共に全国民が期待した独立の夢が、少しずつ遠ざかっていくように見えた。李承晩《イスンマン》博士は全羅北道《チョルラブクト》井邑《チョンウプ》で、南朝鮮だけで自律的政府を樹立すべきだと演説した。それより先に北朝鮮では、無償没収・無償分配の土地改革が電撃的に実施された。南北が完全に分かれる兆しが現れていた。

経済も永登浦一帯を始め全国で日本人が経営していた工場が閉鎖され、工業製品のみならず生活必需品まで不足して物価が急騰した。米の値段は解放当時の五、六倍に跳ね上がり、零細民や、海外から帰還したものの行き場がなくてソウルに集まった同胞たちは、食べ物にも事欠くありさまだった。一日も早く独立政府を建てて山積した問題を解決すべき政治家たちは、主導権争いと理念闘争に時間を浪費していた。青春を捧げて築いた財産を中国に残し、解放された祖国に薔薇色の夢を抱いて帰ってきたというのに、現実は期待はずれだった。

鏞虎は憂鬱な気分でソウルを離れた。国内の政治と経済は混乱を重ねていたけれど、地方の状況を探ってみたかった。全国どこに行っても農村は忙しかった。端午の節句を過ぎ、田植えもほとんど終わっていた。日本が毎年強制的に奪っていった供出制度がなくなり、採り入れた穀物は自分の好きなように食べたり売ったりできるようになった。小作料も三分の一になるとアメリカ軍政庁（在朝鮮アメリカ陸軍司令部軍政庁。朝鮮半島南部を統治するため一九四五年九月から一九四八年八月十五日まで置かれた行政機関）が発表したからか、農村は都市より元気なように見えた。それでも貧しい人々はソウルと同様、働き口もなくて食べられないことが多かった。

大邱《テグ》の紡織工場など、全国の大小の工場はほとんど稼働していなかった。家内工業のような小さな工場は粗雑な品物を生産していたが、それとて原料がなくて休んでいる所が多かった。国全体の産業施設が衰退しているのに、全国どこに行っても左右の勢力争いが極限に達しようとしていた。

（この混乱と無秩序は当面収集できそうにない。こんな条件でどんな事業をすべきか。今、この国に役立つ事業とは、いったい何だろう）

鏞虎は地方都市と農村を回りながら考え、悩んだ。十年前、中国に行く時に、一生懸命金儲けをして祖国に役立つ事業をすると決心したことは、一時も忘れはしなかった。祖国は混乱と停滞の不毛の地も同然だったけれど、どんな困難な状況でも絶対に道はあるはずだ。

旅を終えた鏞虎は、いろいろな人を訪ねて話をしたが、たいていの人は無秩序とインフレを利用した一攫千金を狙っていた。金儲けとはいえ、どんな事業でもいいというわけではない。中国で流通業をしていた時も節度を保ったのだ。解放された祖国で、利益だけを追求する事業をするわけにはいけない。国の将来に役立つ、やりがいのある事業を堂々としたかった。当時、韓国では誰もが三無一有という言葉を実感していた。資源、技術、資本がなく、人だけが溢れているということだ。

熟考の末、アイデアが浮かんだ。それは出版だ。優れた書籍によって人々が正しい価値観を持ち新たな文物に目を開けば、祖国の将来が開ける。そう思っていた矢先、鍾路にある書店で久しぶりに気分のいい光景を見た。小さな書店でたくさんの人が熱心に本を見ていて、本を買う人もたくさんいた。物価が上がって商売にならないと言われているのに、書店だけは例外に見えた。書店の主人に聞いてみると、出版社が良い本を出しさえすれば飛ぶように売れ、書店も金が入るという。

ひと月以上全国を回って憂鬱な現状を見てきた彼の目に、初めて希望の光が灯った。これを見逃すことはできない。鏞虎はすぐに出版事情を調べ、市場調査を始めた。解放直後の出版は、荒野を開拓するようなものだった。日本は一九三〇年代末から朝鮮語抹殺政策を取り、朝鮮語の新聞や出版物の発刊を禁止したので、解放するまで朝鮮語の本の出版はほとんど不可能だった。解放と共にアメリカ軍政が敷かれて言論や出版が自由になると、志のある人たちが出版社を設立して朝鮮語の良書を刊行し始めた。本が出れば、たちまち売れた。人々は自国語の本に飢えていた。

しかし状況はその飢えを満たせるほど改善してはいなかった。紙や活字はもちろんのこと、原稿が不足していたし、本の全国的な供給組織もまったくできていなかった。出版もほかの事業と同じく、始めるのに困難がつきまとった。それでも小さな資本金で始められるという魅力があり、国民を啓蒙し国の将来に役立つ業種であるという点に惹かれた。

（出版をやろう。出版こそは、国民を教育し文化発展に寄与する、やりがいのある事業だ。建国の土台になれるよう事業の方向を考えよう。僕自身、本を通じて知識を習得したじゃないか）

そう結論を出した鏞虎は、すぐに着手したが、中国から無一文で帰ったので事業資金に困った。解放後の政局が混乱していて、大金でないとはいえ、資金を準備するのは容易ではなかった。鏞虎は中国で成功したことをよく知っている知人を訪ね歩き、事業の趣旨を説明してようやく資金を借りた。

資金ができると、大衆的人気のある作家、金龍済《キムヨンジェ》を紹介してもらって主幹に据え、出版社を登録した。会社名は民主文化社だ。金龍済主幹と相談の末、最初の出版は当時、政局を主導し民衆から尊敬されていた呂運亨に関する本に決めた。呂運亨は韓日併合後、中国に亡命して独立運動をし、上海臨時政府の第一次内閣に参加した後、モスクワ被圧迫民族大会に出席して日本の韓国併合の不当性を世界に知らせた人物だ。のみならず、朝鮮建国同盟という地下抗日組織を組織するなど、独立運動の指導者でもあり、民衆は彼の演説に魅了されていたから、本は売れそうだった。

鏞虎と金龍済は呂運亨の伝記を民主文化社の最初の刊行物に決め、すぐに作業にかかった。準備は順調に進んだ。原稿は、金龍済主幹の紹介で李万珪《イマンギュ》が執筆した。鏞虎は印刷所を探し、用紙を確保して、出版のプロセスを細かく学んだ。こうして一九四六年末に『呂運亨先生闘争史』が刊行された。出版した時は感慨無量だった。少年時代に千日読書と称して読書に没頭していたことを思い出した。あの時に読んだ本が、今日の自分をつくってくれたのだ。今、そうした書籍を出す出版社の社長になったことが、夢のようだ。

(人は本をつくり本は人をつくる)

鏞虎は出版を通じて祖国の未来を創造する人材を養成しようと心に誓った。

『呂運亨先生闘争史』は刊行されるとすぐに飛ぶように売れ、供給が追い付かないほどだった。呂運亨に対する国民の期待が高かったのだ。紙不足で雑誌は仙貨紙を使っていた頃だから、鏞虎は紙の確保に苦労した。本が品切れにならないよう渾身の努力を傾けた。本は十八刷に達した。

だが、代金の回収がうまくいかない。当時も本の流通構造は書店が代金をツケにして受け取り、販売した後、月に一度販売代金を支払うのが慣例だった。しかし流通構造が原始的なうえに管理もいい加減で、書店は本が売れてもあれこれ口実を設けてちゃんと代金を支払おうとしなかった。どの出版社も取引書店の未収金が累積していた。特に『呂運亨先生闘争史』のようなベストセラーは短期間に多くの部数を出すのに代金支払いは遅れるから、未収金はあっと言う間に増える。売れた代金が入らないまま金をかけて本を作り、ツケで供給し続けるのだ。

鏞虎はようやく出版の流通構造が不合理だと気づいた。ツケでの取引は仕方ないとしても、書店が代金を良心的に払う商道徳が守られなければ、良い本を出す出版社は経営が成り立たない。こうした流通構造は解放後の無秩序で混乱した社会とあいまって、出版をいっそう難しくしていた。彼は呂運亨先生の伝記に続く本の出版を保留し、全国の取引書店を直接訪ねて実態を把握した。不合理な流通市場を改善しない限り、民主文化社を大きくすることはできない。

一カ月間、全国の書店の主人に会い、地方の卸売市場の構造と実態を分析した結果、残念ながら民主文化社は解散すべきだという結論に達した。出版こそは国民を教育し文化発展に寄与する立派な事業に違いないが、この事業を続けるにはザルに水を注ぐように多くの資本金を投資しなければいけないということに気づいたのだ。費やした金の回転があまりに遅く、損失が大きかった。自分が準備した資本金では、こうした出版市場の構造的欠陥を埋めて出版し続けることはとうてい不可能だ。

始めたとたんにベストセラーを刊行したのだから一応の成功は収めたと言えるだろうが、脆弱な流通構造を計算に入れていなかった。民主文化社をやめると決心した鏞虎は、できるだけ未収金を回収して決算したが、回収できないことが多くて投資した資金の半分近くが欠損だった。少年時代に好きだった本を作って金を稼ごうと思ったけれど、その夢は諦め、未練を捨てて他の道を探すべきだと思った。

いくら立派な事業でも、無理だと判断したらいったん退くべきだという教訓を得た。しかしその時の残念な気持ちは三十年以上後に、出版流通の革命を先導し出版文化の画期的な発展をもたらした教保文庫の設立につながった。

## ◉北の支配下で生き残る

民主文化社の看板を下ろした鏞虎は、新たな覚悟で群山《クンサン》織物を設立した。解放前まで、大規模な紡績・紡織工場はたいてい日本人の所有で技術者も日本人だったから、彼らがいなくなると技術者と原料不足によって工場が稼働できなかった。需要はあるのに生産ができず、インフレもひどくて価格が高騰した。解放直後、粗織りの木綿一ヤード二十一ウォンだったのが、群山織物を始めた一九四七年末には二百七十六ウォンと、二年で十三倍になった。キャラコは二十五ウォンが七百二十八ウォンと二十九倍になったけれど、供給が需要に追い付かなかった。

鏞虎は休業中の群山紡織工場を、地域の有志チャン・ミョンソ氏の息子であるスソン、スチャン兄弟の助けで買収して稼働させた。綿紡績糸が少なかったので、永登浦の紡績糸工場を直接回って原料を確保するのに総力を傾けた。その結果、工場は正常に稼働し、生産される粗織りの木綿は、待機していた商人たちが現金払いで買ってゆくほどよく売れた。

しかし生産を始めて一年も経たないうちに、突然、粗織り木綿とキャラコが大量に市場に出回り始めた。軍政庁が原料難を解消するため、アメリカから繰り綿を大量輸入して大型の紡織工場に供給したからだ。鏞虎はこれから小規模綿紡織工場はやっていけなくなるだろうと判断した。共同経営者に状況を説明して絹織物工場に変えようと提案したが、共同経営者は一人でも綿紡織を続けるというので、仕方なく群山織物は彼に譲った。そして益山《イクサン》に漢陽《ハニャン》織物を創業して日本から輸入した人絹糸を原料に、新しい模様の布を量産した。予想どおり高級衣料品の需要が急激に増大したうえ、きれいで手ざわりの良い人絹はすぐに人気を博した。

鏞虎が二度の挫折の末に成功の土台を固めていた時、大韓民国政府が樹立された。南だけの単独政府とはいえ、四十数年ぶりの独立政府を得た国民の感激と期待は大きく、全国は祝賀ムードに包まれた。鏞虎は、自国の政府ができたのだから、漢陽織物を大企業に成長させて国家の産業発展に寄与しようと思った。

政府ができて社会がある程度落ち着くとインフレでも購買力が復活して、新しい事業は出だしから好調だった。年が明けると既存の施設では間に合わないほど需要が増加した。鏞虎の綿密な市場調査と予測が的中したのだ。鏞虎は製品の品質を向上させて輸出する計画を立てた。輸出でドルを稼いで国家に貢献し、金も儲けるという夢を抱いて生産を励ますいっぽう、自ら市場を開拓しに出かけた。帰国して初めて、未来に対する確信を抱きながら昼も夜も仕事に熱中した。工場で寝泊まりすることもよくあった。妻には申し訳なかったけれど、常に仕事を優先した。

こうして野心的に事業家の道を開拓しながら工場設備を増設しようと仕事に打ち込んでいた時、朝鮮戦争が起こった。三十八度線付近でよくある衝突だろうと思っていたら、数日後、益山《イクサン》駅が北朝鮮のミグ機に爆撃されて緊張が走った。聞こえてくる戦況も、国軍〔韓国軍〕が押されているというものだった。まさかと思っているうち、大田《テジョン》が敵の手中に入り、益山にも人民軍〔北朝鮮軍〕が入ってきた。戦況を注視していた鏞虎も予想できなかったほど、人民軍は破竹の勢いで南下してきた。

「社長、人民軍がもう警察署や郡庁を接収しました。郡庁に敵の旗が掲げられているのを、この目で見たんです。今すぐ避難しないといけません」

漢陽織物の課長の一人が青ざめた顔で言ったけれど、鏞虎はなかなか動こうとしなかった。苦労してつくった会社を、また諦めろというのか。北一公社を解散した時のことが思い浮かんだ。

「人民軍に支配されたら、社長はどうなるかわかりませんよ。とりあえず私の田舎に行って下さい」

「君の田舎……それだって、安全だとは言えないだろう」

「ひとまず田舎に行って、それから安全な所に移ればいいでしょう」

鏞虎は課長と共に益山近郊に避難した。課長の両親の世話で、しばらくは隠れていられた。だが人口の少ない山奥の村で人目を避けることはできず、ひと月ほど潜伏していると、村人の密告で保安隊（治安維持のための組織）に連行されてしまった。共産主義者は資本家や地主を反動だ、人民の敵だと言って処刑していたから、社長である鏞虎は逮捕された瞬間、もう駄目だと思った。解放された祖国で志なかばにして倒れる運命が悲しかった。

益山保安隊の留置場で死を覚悟していた時、保安隊員が彼を呼び出した。これで終わりだと思った。だが連れていかれた部屋に入ってみると、意外なことに漢陽織物の職工十数名と課長が保安隊幹部の横に立っていた。

「トンム（友人の意だが、人民軍は相手に対する呼びかけとして使った）が漢陽織物社長慎鏞虎かね？」

そうだと答えた。

「トンムは漢陽織物社長であり、人民の敵だ。資本家は人民と労働者の血を吸う存在だ。当然死刑に処すべきだが、あのトンムたちが異口同音にトンムの善行を褒め、人民の敵ではない、善処してくれと訴えるから生かしておくよ。これからは共和国のために一生懸命働いてくれ」

保安隊幹部は、もう帰ってよろしいと言った。

彼が捕まって以来、課長を始め漢陽織物の職工たちが毎日保安隊に行って救命活動をしたらしい。平素、工場労働者に対して分け隔てのない待遇をし、人間的な気配りを見せていたことが鏞虎を救ったのだ。大連や北京の頃から職員と自分を同等な存在だと考えて配慮していた習慣が、漢陽織物を運営する時も自然に現れたのだが、職員たちには感動的だったのだろう。人を大切にし、気配りをすること以上に人を感動させることはないという真理をしみじみ感じさせられた事件だった。保安隊から解放された鏞虎は、昼間は山に隠れ、夜は歩いて、霊岩に着いた。故郷の村は集姓村であるうえ教育事業で名望のある父のおかげで、安全に隠れることができた。

人民軍支配下の殺伐とした空気の中、戦況を見守っていた鏞虎は、人民軍に支配されていたソウルを国軍と国連軍が一九五〇年九月二十八日に奪還すると、散り散りになっていた職員を呼び集めて工場を再開させた。しかし約三カ月後に一・四後退〔一九五一年一月四日、中国軍が朝鮮戦争に参戦したことによって勢いを得た人民軍側がソウルを占領し、国連軍と国軍が戦線を南に後退させた〕が始まると、再び避難しなければいけなくなった。中国軍がソウルを占領し、漢江を超えて水原《スウォン》近くまで来ているというので、知人たちの勧めで済州島《チェジュド》に向かった。

済州島に到着すると、鏞虎は事業を構想した。休んでいられる状況でもなかったけれど、事業家根性が頭をもたげてうずうずした。済州島には全軍に兵力を供給する陸軍訓練所があり、比較的上流の避難民が多くて景気が良かった。済州島の農民はジャガイモを栽培していたので食べることにはあまり困っていなかったが、島外にジャガイモを売ることができなくて苦労していた。ジャガイモは保管が難しく、早く消費しなければ腐ってしまうからだ。

そこで、彼の事業家としての勘が働いた。鏞虎は農家を回ってジャガイモを買い、陸軍訓練所に納品しながら販路を開拓した。中国軍がまだ入ってきていない南部地方のジャガイモ消費地域を調べていると、群山の豊韓《プンハン》酒精工場が、原料のジャガイモがなくて開店休業状態だという話を耳にした。彼は船で群山にジャガイモを運び、戦争の長期化に備えて本格的な事業を模索した。しかし済州島でできる事業はあまりなかった。まともな工場を造ることも難しく、品物を製造しても販路が限られていた。

気持ちを落ち着けるために漢拏山《ハルラサン》に登って広い海を眺めていた鏞虎は、木浦で独学していた時に儒達山に登ったことを思い出した。あの頃も、海を見て気持ちを静めていたではないか。そう思うと、事業への情熱を持て余していらいらする心を少しは落ち着けることができた。そんな時、待ちに待った消息が来た。水原まで南下していた中国軍が国連軍の反撃によって後退し、二月十日にソウルが再び奪還できたというのだ。ニュースを聞くとすぐに荷物をまとめ、急いで益山に帰った。

## ◉再び無一文に

避難から戻った鏞虎は漢陽織物を再び稼働させたが、熟練技術者や職員が戦争中に行方不明になったり死んだりして、生産から販売まですべての業務に支障があった。大邱と釜山を除く全国主要都市が焼け野原と化し、数百万の避難民がテントを張って野宿する状況で、人絹の需要は激減した。戦争を通じて西洋文化に接した韓国人の服装は大きく変化していた。農民も老人も伝統的な民族服を脱ぎ捨てて洋装になり、女性がブラウスやセーターを着る時代になった。

建国と共に創業した漢陽織物は朝鮮戦争で座礁してしまった。三度目の挫折だ。会社を整理した鏞虎は人々が洋服を着るようになったことに着目して、永登浦に染色糸でいろいろな模様の布を織る東亜染織を創業した。東亜染織は業界に注目されて順調なスタートを切った。しかしこの事業も戦争の余波で景気が落ち込んでいたために、止めなければならなかった。心身共に疲れ果てた鏞虎は故郷に戻り月出山に登った。月出山はいつもと同じように黙って彼を抱きとめてくれた。〈風の谷〉から天皇峰《チョナンボン》を経て九井峰《クジョンボン》に着くと全身汗びっしょりになったけれど、山の稜線や霊岩平野が美しかった。遠くには濃い青色の南海の波が揺れていた。平野に聳え立つ月出山は、花崗岩が長い歳月の間にさまざまな奇岩怪石を成していた。

その瞬間、鏞虎は気づいた。頂上に登る直前までは頂上を見上げても木と岩しか見えなかったのに、頂上に着いた瞬間、山脈や平野、海が目の前に広がる。頂上に着くのと着かないのとでは数歩の違いしかないけれど、目に映るものにはこれほどの差があるのだ。彼はその思いを噛みしめた。祖国で数年間営んだ事業が不可抗力によって失敗したと思っていたことを、深く反省した。失敗の原因は慢心だったのだ。政局の混乱や戦争という変数があったのに、中国で二度も事業に成功したという自信があって甘く見ていたのではないか。

この時の経験で鏞虎は、「働きながら学び、学びながら働く」という新たな座右の銘を胸に刻んだ。彼は後年、職員に向かってチェロの巨匠パブロ・カザルスのエピソードをよく語った。無名のチェロ奏者グレゴール・ピアティゴルスキーが舞台に立つと、客席の正面にカザルスが座っていた。ピアティゴルスキーは全身が凍りついた。巨匠の前で緊張し、演奏する自信を失ったのだ。しかし彼が演奏を終えた時、カザルスは拍手喝采した。そして「あなたの演奏した中で、あるフレーズは、私が長年苦心していたところでした。あなたの演奏を聴いて感じることがたくさんありました」と言った。相手が無名の新人でも学ぶことがあればためらわずに学ぶという姿勢は、偉大なチェリストをいっそう偉大にした。

鏞虎は臥薪嘗胆して新たな事業構想に入った。ソウルを始め主要都市と地方を回りながら国内事情を調べ、長期的で安定性のある事業は何だろうかと考えた。一九五三年七月、休戦協定が調印され、三年の間に多くの若者の命を奪った悲劇が終わった。政府もソウルに戻った。

戦争が終わり、鏞虎の視点も変わった。アメリカと国連は戦後の復旧事業に乗り出した。一九五三年十二月五日、アメリカは経済再建および財政安定計画のための韓米経済合同委員会協定に調印し、五億三千万ドルの援助案を確定した。これを契機に国内でも工場建設が推進され、実業界も意欲を見せ始めた。しかし工場を建てて機械を作るには鉄がいるのに、国内に製鉄会社がなかった。それを知った鏞虎はこの分野を調査研究し始めた。廃墟となった国土には、壊れた路面電車や各種の砲弾の破片が無尽蔵に転がっていたから、それを集めて利用すれば原料の問題は解決できそうだ。

次には製鉄工場を建てるのに必要な技術を学び、資本金を投資する財産家を探した。工場建設には莫大な資金が必要なので、投資家がいても銀行から金を借りなければならなかった。幸い投資家数人が意欲を見せ、足りない資金六億ウォンは産業銀行が貸してくれるというので、韓国製鉄を設立した。

永登浦の梧柳洞《オリュドン》に二十万坪の土地を購入し、国内初の冷間圧延施設を導入した。産業銀行の約束を前提に、韓国最大の製鉄工場の建設は順調に進んだ。建設には莫大な自己資本と借入金が投資された。しかし完成間近になって産業銀行は突然、融資を中断すると言ってきた。資本金を出した共同経営者の中に野党の重鎮である梁一東《ヤンイルドン》委員がいるために、韓国製鉄が野党の会社だと見られたのだ。もちろん銀行が判断したわけではない。国会で強引に改憲案を通過させてまで政権を延長しようとしていた自由党政権が、銀行に圧力をかけたのだ。まさに青天の霹靂だった。

韓国製鉄創業の三年前、商工部は仁川に国営の仁川製鉄を建てていた。しかし建設がはかどっていないのに、工事にかけた費用は韓国製鉄が一年間に投じた資金の十倍近くにのぼった。韓国製鉄に対する貸し出しの審査過程で、製鉄業全般にわたる現況が調査されるだろうし、そうなれば仁川製鉄の放漫経営の実態が暴露されかねない。これを憂慮した自由党は、産業銀行が貸し出しできないようにしたのだ。

産業銀行を信じて莫大な資金を投資した鏞虎を始め多くの共同経営者は呆然とした。彼と株主が力を合わせて借金をしても足りなかった。一九五五年早春、試運転を目前に控えた製鉄会社の工事は中断された。鏞虎の生涯で最大の試練だった。この時の経験によって、事業家は政治に近づいてはならないという教訓を得た。

帰国して九年間でつくった会社は、すべて短命に終わった。良心的な企業観や正道の経営を追求する彼の経営哲学を受け入れないほど、韓国社会と経済界が未熟だったことも原因だ。

鏞虎は、家はもちろん腕時計まで売り払って無一文になり、妻と共に布団だけ持って狭い貸し間に引っ越した。工事代金をつくるために民間業者から借りた金が雪だるま式に膨らんでいた。未払いの賃金も、代表理事である彼が払わなければならない。怒りを通り越して苦笑がこみ上げたけれど、借金取りに追われてため息をつく暇もなかった。それでも、押さえられた分だけ高く跳ねるバネのように再び立ち上がらねば。戦争の傷が癒えるように、鏞虎も気持ちを落ち着けて、再起の方法を模索し始めた。

# 第五部

# 国民教育と民族資本

## ◉世界で初めて教育と保険を結びつける

一九八三年三月二十一日、いつものように昼食を終えた鏞虎は、本の香気に触れようと教保生命ビル地下の教保文庫に向かった。本を通じて知識を得た彼にとって、本は師であり人生の羅針盤だ。売り場の床に座り込んで本を読んでいる子供たちを見るたびに、鏞虎は感動に浸った。本を買う金がなくて下宿生の本を借りて読んでいた頃を思い出し、読書にふけっている子供たちに感心した。あの子たちも本を通して世の道理を悟り、立派な人間になるのだろう。

売り場のすみずみまで見ていた鏞虎がオフィスに戻ると、役員が集まっていた。午後は特に予定がなかったので、妙な気がした。何か問題が起きたのかと心配になったが、役員たちの表情は明るい。

「おめでとうございます。少し前に国際保険会議（ＩＩＳ）のジョン・ビクリー会長から電報が来ました。教保生命創立者に世界保険大賞を授与するとのことです」

鏞虎は教保文庫の壁に飾られたノーベル賞受賞者の肖像画を思い浮かべた。教保文庫で本を好きになった青少年が将来ノーベル賞を受賞することを願い、出入り口の壁に歴代受賞者の肖像画を額に入れて掲げたのだが、自分が〈保険のノーベル賞〉を受けるとは……。鏞虎は役員たちから祝いの言葉をかけられても実感が湧かなかった。世界保険大賞は一九七二年に制定され、一九八三年に鏞虎が受賞するまで十一年の間に受賞者が六人しかいなかったほど審査の厳しい賞だ。したがって、その受賞は、鏞虎が保険の歴史に大きな足跡を残した人物であることを意味する。

小さな巨人慎鏞虎の目に涙が光った。乙支路《ウルチロ》一街にある二階建ての屋根裏部屋で、おがくずストーブ一つで寒さをしのぎながら会社の創立を準備していた頃のことが思い浮かんだ。

解放後、事業で何度も苦杯をなめた鏞虎は、面倒な後始末を終えると旅に出た。静かに過去を振り返り、これからのことを考える時間が必要だった。全国を回って国内事情を調べているうちに、インスピレーションやアイデアが浮かぶだろうという期待もあった。釜山行きの汽車に乗った彼の目に、車窓を通して見慣れた初夏の風景が映った。田植えの季節なのに農民はあまり目につかない。旱魃が深刻なことは新聞で見て知っていたけれど、車窓の外に広がる田んぼは白っぽくみえるほど乾いていて気が重くなった。

ソウルの親戚の家に行くという隣席の中年の農民も、ずっと雨が降らないので田植えができなかったとため息をつき、国がこんなざまだから天が怒ったのだとこぼした。向かいに座っていた青年も、六月に入って米の値段が急騰して都会でも農村でも貧乏人は飢えそうなのに、自由党政権は長期執権に気を取られて国民の窮状など眼中にないと不平を言った。鏞虎も自由党政権の犠牲者だ。韓国製鉄を設立して工業化に寄与しようと情熱を傾けていたことを思った。同じ汽車に乗った二人と同じく政府を怨み、野党政治家を創業メンバーにしたことを後悔したけれど、もう取り返しはつかない。

旅の途中、不愉快なことを思い出すたびに彼は、韓国にも政府の顔色をうかがわず、干渉されない銀行があればどんなにいいだろうと考えた。先進国のように事業性と信用さえあれば誰でも資金を借りられる銀行があったなら、韓国製鉄は完成直前にやめなくてもよかったはずだ。

（そんな銀行をつくれないだろうか）

戦争で国土が荒廃し、国民が三度の食事すらできずアメリカの余剰農産物でなんとか生きながらえているのに、長期執権にのみ執着している政権の下で、そんな銀行を考えるのは夢のようなものだ。しかし旅する間、ずっとその夢のような思いが脳裏を離れなかった。

日照り続きでどこの農村も困っていたから、鏞虎の足取りも重かった。大邱と慶州《キョンジュ》を経て故郷に向かった。両親は二年前の古稀祝いの時と変わらず元気で、父はまだ霊岩郷校で教えていた。両親と共に数日過ごしながら、村の人たちの窮状について聞いた。相変わらず貧しい人はたくさんいて、ご飯が食べられずにおかゆを食べている家もあった。父が永保国民学校を建てたおかげで貧しい家の子供たちも国民学校や中学校に入れるようになったものの、月謝が払えなくて中退する子も多かった。普通学校に入ることすらできなかった鏞虎は、学費がなくて中退する村の子供たちのことがいちばん気にかかった。お金さえあれば助けられるのに、今は自分も失業者だ。

ようやく梅雨入りした日、鏞虎は家を出た。慌てて田植えをするために、農村の人たちは忙しくなった。雨に濡れた月出山が、いっそう近くに見えた。藍色の岩山の、凛とした神秘的な姿を正面から眺めながら町に向かう彼の心も、久しぶりに軽かった。雨が降って活気を取り戻した村を振り返り、みんなが豊かになればどんなにいいだろう、彼らの子供たちが月謝の心配をしないで学校に通えるようになればいいのにと考えた。

ソウル行きの汽車に乗ってからも、貧しい村人のためにできることを考えていた。自分は学校に通えなかったから、子供たちには何とか教育を受けさせたいと願う、農村の貧しい親たち。針仕事やもやし栽培などを一生懸命やって息子を学校に通わせる都市の貧しい女たち。牛を売って子供を大学に入れるというので、大学を〈牛骨塔〉と呼ぶほど教育熱の高い民族は、他にないような気がした。

(そうだ、こんなに貧しくても子供に教育を受けさせたがる親たちが学資を準備する方法を考えて、事業につなげよう)

そう思いつくと、ふと四番目の兄鏞福の言葉が思い出された。

「保険とは死亡、火災、事故など思いがけないことに備えて一定の保険料を払い、事故が発生した時に保険金を受け取ってその損害を補償することだ。俺が勤めたのが、そういう保険会社だった」

日本の植民地支配下で朝鮮人が経営していた朝鮮生命に勤務し、解放と共に辞めた鏞福が、中国から戻った彼にそんなことを言っていた。

鏞虎はその言葉をよく考え、貧しい親たちが子供の学費をつくれるよう助ける事業を、保険に結びつけられると確信した。死亡、火災、事故で保険金を支給する保険のように、中学校、高校、大学に入る時に学資を支給する保険を創ればいいというアイデアが浮かんだのだ。そう思うと、鏞福に会いたくなった。しかし彼は朝鮮戦争の最中に行方不明になったままだ。

(そうだ、他の保険のように少額を貯蓄させて必要な時にまとまった学資として支払う保険を創ればいい! 教育と保険を結びつけるんだ。教育と保険を……)

次々と浮かぶアイデアをまとめていると、汽車はいつしかソウル駅に到着した。彼はいつも冷静で、めったに興奮することはなかったけれど、今回の旅では大きな成果を得たという思いに胸がときめいた。家に帰る鏞虎の足取りは、数年ぶりに軽かった。

鏞虎はそのアイデアを真剣に研究し始めた。保険について広く学び、教育に関連した保険について調べ、そうした保険があるなら、どのように運営されているのか調査する必要があった。まず、営業活動をしている国内の保険会社を訪ね、営業内容と営業品目を調べた。

一九五五年当時、韓国の保険会社は火災保険と海上保険を除けば休業状態で、特に生命保険は朝鮮戦争の期間中にほとんど姿を消した。休戦後、政府は生命保険産業を育成するために多くの努力をしたものの、協同生命、高麗生命、興国生命、韓国生命といった既存の会社はほとんど休眠状態で、大韓生命だけがなんとか営業を始めていた。一人当たりＧＮＰが六十五ドルの世界最貧国の国民が、食べていくことすら難しいのに先のことを考えて毎月保険料を払うというのは現実にそぐわない。調査した結果、保険会社が営業するだけの経済的、社会的条件はまだそろっていなかった。

だが、むしろ自信ができた。どんな保険会社も教育と連携させた営業品目を導入したことがないと確認できたからだ。いろいろな資料を集めて日本や先進国の事情も調べてみたけれど、世界のどの国にも教育と関連した保険品目は過去にも現在にもなかった。

（これだ。行きたくても道のない茨の中に、道を開けばいい。貧しい親たちが子供を中学、高校、大学に入れられるような保険の道を切り開けば、人は集まってくるだろう）

教育保険に対する確信ができた鏞虎は、忠武路の日本書店で関連書籍を日本から取り寄せ、国立図書館や大学図書館にもせっせと通って保険に関連する書籍を探して読んだ。図書館には保険関係の本は少なかったけれど、いろいろなことがわかった。保険の前近代的な形態が、昔から助け合いの美風として伝わってきた契《ケ》（頼母子講）であることも知った。そして先祖が行ってきた契にはさまざまな種類があって、子供の教育を目的にした学契《ハッケ》というものがあったという記録を見つけた。

学契は始める時に一定の基金を集めるか、毎年いくらかずつ集める。そして金を貸して利子を取ったり、春窮期に長利米（長利で貸し借りする米。貸した米の半分以上を一年の利子とした）を貸したりして、その収益を契員《ケウォン》に学資として支給し、また書堂《ソダン》（初歩的な漢文を教える私塾）の運営にも当てた。契員の数は村単位の数十名のこともあれば、いくつかの村が参加して百名以上になる場合もあった。契に関する研究書を読みながら鏞虎は、学契を開発した先祖の教育熱に感嘆した。学契で基金を運営して得た利益で契員たちの子弟に学資を出したというのは、保険金の利殖運営とまったく同じだ。

朝鮮の保険文化は新羅の真平王《チンピョンワン》の時代である七世紀の初めに円光《ウォングアン》法師が創案した占察宝《チョムチャルボ》に始まる。『世俗五戒』の著者である円光が作った占察宝は、仏教の財団をつくり特定の公共事業を行う目的で一定の資産を作った後、基金を貸し出して生じた利子を経費に充てるという原始的な保険だ。新羅時代には金庾信《キムユシン》の冥福を祈り功徳を記念する功徳宝があり、高麗時代には僧侶の学問振興のための奨学宝、経文を刊行するための明経宝、天変地異で苦しむ難民を救済するための済危宝があった。

鏞虎は保険を研究しながら、保険会社の役割についてもう一つの希望を持った。保険会社では加入者から保険料を受け取って積み立て、一定期間が過ぎると約束の保険額を支給するから、まだ支給していない資金は大きな資本として蓄積され、国家の経済活動と産業発展に投資する民族資本になり得るということだ。先進国では保険会社が、社会保障の役割だけでなく経済と産業の発展に大きく貢献していることも知った。援助資金なしには工場はもちろん、橋一つろくに造れない現実をよく知っている彼としては、保険会社が大きくなれば国家の経済、産業発展に必要な民族資本を形成できるという事実に鼓舞された。

鏞虎は一年間、徹底的に保険を研究し、わからないことは専門家を訪ねて質問した。知識は力だというのは、独学をしていた頃からの信条だ。保険のことがわかればわかるほど、力が湧いた。保険、特に教育保険について希望と自信ができた。鏞虎はこれまで学び、考えたことを整理した。

韓国は天然資源が少ない。可能性を秘めた勤勉な人材は豊富だが、彼らは教育を受けられないでいる。ダイヤモンドも磨かなければ宝石になれないように、優秀な素質や能力も教育しなければ使いようがない。国家が発展するには人材を養成しなければならないのに、国家は教育予算がなく、国民学校すら義務教育にできないでいる。それでも国民の教育熱は世界一だ。農村、漁村、都市の庶民たちは子供を学校に通わせたいと切に願っていながら、費用を工面するのに苦労している。学費の負担を減らし、国家の人材になれるよう道を開くことこそ、国民教育振興事業だ。そして親が納入する保険料が蓄積されれば、それは国家発展のための民族資本になるではないか。

（教育保険会社を創立すれば国民教育振興と民族資本形成という大事業が同時に始まる。これほど立派な事業が他にあるだろうか）

鏞虎は会社設立の理念的位相を描いた。そして教育保険会社を設立したら国民教育振興と民族資本形成を創立理念にしようと決心した。

## ◉紆余曲折を経た設立認可

一人で研究した結果を元に保険事業を創案した鏞虎は、周囲の人々の意見を聞き始めた。真っ先に訪ねたのは日本の植民地下で朝鮮銀行に勤務し仁川重工業の専務を務めた趙東完《チョドンワン》で、彼は鏞虎の弟鏞義の友人だった。鏞虎の説明を聞いた趙東完は、いつの間にそんな立派な事業を思いついたのだと感嘆し、協力を約束してくれた。そしてしばらくすると、やはり鏞虎の事業に同調する安大植《アンデシク》という人物を連れてきた。三人は連日会合して教育保険のマスタープランを作成した。ある程度自信を得た鏞虎は、保険加入対象者の意見を聞く市場調査を始めた。成敗を予測するための、最も重要な段階だ。

一九五六年秋から年末まで、大小の都市、農村、漁村で中産層以下を相手に調査をした。ソウルの南大門市場と東大門市場から釜山、大邱、大田、光州《クァンジュ》など大都市の市場を歩き、各道の農村や漁村も訪ね歩いた。市場で荷物を運ぶ人や露天商など、都市の貧しい人たちにも会った。夢は何かという質問には、息子が大学を出て豊かな暮らしをするのを見ることだと答える人が最も多かった。

教育保険の趣旨を説明して、そういう制度ができたら加入するかとも聞くと、東西の海岸の漁民であれ、江原道《カンウォンド》の鉱山都市の労働者であれ、そんな保険ができたらもちろん入ると言った。農民は、牛や土地を売ってまでして子供を大学に入れるのだから、そんな保険ができたら嬉しいと言った。絶対に実現させてくれと言う人も多く、会った人の九十パーセントが加入したいと答えた。

「市場調査の結果は非常にいい。大満足だ」

鏞虎は千人を対象にしたアンケートの分析結果を見て喜んだ。

「慎さんが、庶民が切実に願っているのは何かを正確に見抜いたからですよ。市場調査の結果は、会社を設立してもいいということじゃないですか」

趙東完と安大植は口を揃えて言った。

庶民に続き、社会のリーダーや教育界、学界、宗教界で人望のある人士を訪ねて意見を聞いた。加入対象者には分類されない人々だが、彼らが賛成してくれれば、これから会社を発足させる際に資本金を集め、世論を形成するのに大きく役立つからだ。特に教育界は会社設立後、ずっと協力してもらわねばならない。

会社設立の趣旨と市場調査の内容を説明して意見を求めたところ、誰もが会社設立の当為性に賛成し、激励を惜しまなかったものの、生命保険がうまくいっていないのだから教育保険も難しいだろうと憂慮する人もいた。しかし校長たちは良い計画だと称賛し、どの学校にも経済的理由で進学できない子供がたくさんいるから、ぜひ会社を設立してくれと言った。大学教授も、学費を納められなくて休学する学生がたくさんいる、どんな難関があっても実現してくれと言うなど、教育界の反応は熱かった。

社会の指導層の人士に激励されて勇気を得た鏞虎は、これ以上ぐずぐずする必要はないと判断した。会社設立のための実質的な作業に入る前に、彼は二人と夕食をともにしながら、胸に秘めていた事業目的を初めて吐露して同意を求めた。

「君たちが会社設立に参加してくれて、会社が発足してからも働いてくれるというから心強いよ。だが覚えておいてほしい。会社ができても茨の道を歩かなければならないということを。指で生木に穴を開ける覚悟と信念がなければ成功しない。ずっと努力する覚悟がいる。それに、理解し、同調してほしいことがもう一つある。私は教育保険を、金儲けだけのために始めたくはない。もちろん加入者をたくさん確保すれば会社は大きくなり、金も集まるだろう。しかしその金は運用して貧しい子供を学校に通わせて国民教育を新興し、民族資本形成に役立てる。つまり我々が始めようとしている教育保険会社は金儲け目的ではない、国民教育振興と民族資本形成のための公益会社だと考えようじゃないか」

その言葉を聞いた二人は真剣な面持ちになった。鏞虎は彼らの表情から、自分の志を理解し、同調するという気持ちを読み取って安心した。

「では、私の志に同調するというしるしに乾杯してくれ」

そして二人の杯に酒をついだ。三人は『三国志』に出てくる〈桃園の誓い〉のように、これから設立する教育保険会社の成功のために献身することを誓った。

一九五七年の正月から、鏞虎は会社設立のために忙しく動いた。保険会社を設立するには発起人と株主を募集し、政府から会社設立認可を得なければならない。最も重要なのは発起人と株主を集めることだが、これは資本金を出資する人を募集することだから容易ではなかった。それでも各界著名人士の反応からすると、できないことはないだろうと思った。

しかし予想は完全にはずれた。財力のある人はもちろん、共に働く能力のありそうな数十人と個別に面会して事業内容を説明し、共に働こうと提案しても、誰もが否定的だった。

「今、生命保険が休眠状態なのに、保険会社を始めるのは時期尚早ではありませんか。立派な事業だけど、今はその時ではありません」

接触した人たちが言うので、鏞虎もどうしようもなかった。自分にあるのは新たな事業に対するフロンティアスピリットだけなのに、周囲の冷淡な反応を確認した瞬間、気が抜けた。それでも、ここで挫折してはいけない。彼は確信していた。大変でもまず会社を設立して事業を推進しようと思った。会社設立のための発起人総会を開き、株主を募集する作業を続けた。

その年の五月十五日、発起人総会が開かれた。参加した発起人は、発起人代表である鏞虎と、趙東完、趙俊鎬《チョジュンホ》、李奎甲《イギュガプ》、崔鳳烈《チエボンヨル》、具基運《クキウン》、鞠悪鉉《ククオヒョン》といった人たちだ。そこで鏞虎の作った発起趣旨文を採択してマスコミに配布した。新しい保険会社ができることを世に知らせるイベントだ。

発起人総会を終えた鏞虎が発起趣旨文を掲げて株主募集をする一方、発起人たちと共に保険会社設立認可取得手続きを点検していると、五月五日に発足した東邦生命が認可を得るのに苦労したという情報が入ってきた。保険市場が難しい時だから、新規の保険会社を簡単に許可しないだろうとは思っていた。財務部に聞いてみると、新たな保険会社は許可しない方針だという。株主募集に続き、また壁が現れたけれど、動揺しなかった。財務部の許可取得は自分の努力でできると確信していた。生命保険会社とは違い、教育保険は国民教育振興に直結する事業だからだ。

しかし、資本金を出す株主の募集は希望が見えなかった。劣悪な経済的社会的条件と不安定な政治は資本家たちを萎縮させていた。第三代大統領選挙を数日後に控えた昨年の五月十五日に民主党の申翼熙《シンイキ》候補が遊説中に急逝し、李承晩が大統領に当選したけれど、副大統領は野党である民主党の張勉《チャンミョン》候補が当選した。野党の大統領候補が元気でいれば李承晩の当選は難しかっただろうし、自由党政権も倒れていたはずだ。政局は先が見えなかった。大統領選挙三日後、全国に戒厳令が宣布され、九月には張勉副大統領狙撃事件があった。

その次には、自由党政権を糾弾する野党の集会を暴漢が襲撃する事件も起こった。一年中政治的危機が続いているのに、保険会社に資本金を出してくれと説得したところで無駄なことは、鏞虎もわかっていた。それで、どうしても駄目なら借金して単独出資しようと結論を出した。

問題は財務部の保険会社設立認可で、担当公務員を説得しても新規保険会社の設立は認めないと繰り返すばかりだった。政府の方針だというのだ。実務局長の裁量ではどうにもならないと判断した鏞虎は長官に会って説得しようと考え面会を申し込んだけれど、保険会社の認可の件であれば会う必要はないという答えが返ってきた。一度会って話を聞いてくれと何度も申し込んでも秘書室に断られた。

長官室が駄目なら家に訪ねていくしかないと思って朝の出勤時間に合わせて家を訪ねた。やはり秘書に止められたが、諦めなかった。どんな手段を使ってでも長官に会って説明し、説得しなければ。鏞虎は一日も欠かさず金顕哲《キムヒョンチョル》財務部長官の家に行って秘書を説得し、出勤する長官を見ながら、自分を呼んでくれるのを待った。長官の家に日参して六カ月過ぎたある日、ずっと門前をうろついている彼に目をとめた長官が、秘書に理由を聞いた。

「あの人は、どうして毎日うちの前にいるのかね」

「保険会社を認可してほしいそうです。担当部署に尋ねたところ、新規の許可は出さないから長官には会えないようにしろと言うので……」

「保険会社か……家に入れて、一度話を聞いてみよう。何カ月も私に会うために家に来ているんだから」

ついに鏞虎は秘書に案内されて家に入り、長官に向かい合った。その席で発起趣旨文を見せ、教育保険は国民教育を通じた人材養成を目的としていると説明した。市場調査の内容を項目ごとに例を挙げて、国民の教育熱を考えれば生命保険とは違って歓迎されるだろう、貯蓄にも大きく寄与できると話した。最後に事業計画を一目でわかるようにまとめた書類を見せた。しばらく事業計画書を検討しながらあれこれ質問した長官は、満足そうな微笑を浮かべた。

「実に立派です。よく思いつきましたね。こんなことなら、国家でも積極的に後押ししなければ。だが今は政府が保険会社はこれ以上許可しない方針なので、大統領に報告する必要があります。家に帰って待っていて下さい」

「長官！　教育は百年の計と言います。国の未来が教育にかかっているのです。国民は教育熱が高いから無理してでも加入してくれるはずです」

「よくわかりました。私も同感です。閣下にうまく話してみますよ」

「ありがとうございます」

「何カ月もうちに通勤させてしまって申し訳ない。部下たちにもそれなりの事情があったのだろうから、許してやって下さい」

鏞虎は長官の家を出ると、思い切り深呼吸をした。胸のつかえが取れた気がした。長官の態度からすると、うまくいくだろう。

しばらくして通知を受けて長官室を訪ねた鏞虎に、長官は満面の笑みを湛えて言った。

「大統領も話を聞いて、その人の考えは立派だ、助けてやりなさいとおっしゃいました。実務局長に話しておきますから、書類を揃えて認可申請をして下さい」

鏞虎は心から長官に感謝し、会社をうまく経営して国家発展に貢献すると約束した。発起人たちも喜び、会社設立作業は順調に進んだ。鏞虎は資本金を投資する株主募集を中断して会社設立認可申請の書類を準備した。

だが順風満帆に見えた会社設立には、更なる障害物が待っていた。保険会社の名前に〈教育〉という言葉を入れてはならないと実務担当者が言い張ったのだ。書類を検討していた担当者が、予想もしなかったことを言い出した。

「大韓教育保険株式会社とすることはできません」

「どういうことです」

「保険法第四条の規定により、生命保険という単語が入らないといけないのですよ」

「教育関連の保険を募集する会社なのに、教育という言葉を使うなとおっしゃるのですか」

「法律で定められていることですから」

「教育保険と生命保険はまったく性格が違います」

「それはよく知っています。耳が痛くなるほど聞かされましたからね」

「知っていながら、どうしてそんなことをおっしゃるのです。教育という言葉は、必ず入れなければいけません」

「新規許可を出さないことになっていたのを、大統領閣下の勇断で許可してあげたんだから、いいかげん妥協して下さいよ」

社名のことで時間を浪費してはいけないと思った鏞虎は発起人総会を開き、教育保険という商号はしばらく引っ込めておいて、太陽生命保険株式会社という名でひとまず設立認可を得ることにした。認可を得た後、正式に会社設立作業を進めながら商号変更問題に取り組むのだ。二歩前進するために一歩退きさがる戦術だ。

太陽生命保険株式会社の会社設立認可申請書はその年の十二月二十日に提出し、ひと月後の一九五八年一月二十七日、財務部長官から正式に会社を設立してよいとの内認可を得た。満四十歳、いわゆる不惑の年を迎えた鏞虎は、生涯推進することになる事業の第一歩をこうして踏み出した。

## ◉教育保険としてスタート

会社設立認可を得た鏞虎は、やっとのことで登記手続きと資本金払い込みを終えて創立総会を準備した。法定資本金は株主募集がうまくいかないので私財を投じ、不足分は借金で賄った。創立総会以前に教育保険という言葉を会社名に入れるためにあれこれ努力したものの、財務部は相変わらず法的に不可能だと繰り返した。

何としても〈教育保険〉という言葉を社名に入れなければならない。国民教育振興と民族資本形成という創立理念を貫徹するには、社名のイメージが何より重要だ。営業面でも、業界が開店休業状態になっている生命保険のイメージでは顧客が集まらない。他の生命保険商品と差別化するという意志とプライドは、絶対に捨てられなかった。会社が最も力を入れる営業商品である教育保険は、鏞虎が自ら創案した世界初の保険商品だ。困難を乗り越えて、必ず押し通す必要があった。

社名問題が解決していない状態で、一九五八年六月三十日、太陽生命保険株式会社は創立総会を開催し会社設立手続きを終えた。会社設立認可を受けてから五カ月後のことだ。

発起人代表である鏞虎の司会で進行した創立総会は、創立までの経過報告に続いて定款承認、理事選出など会社創立に必要な議案を可決し会社をスタートさせた。総会で選任された理事は慎鏞虎、趙俊鎬、趙東完、安大植、朴鎮洋で、監事は李打雨、鞠真晩が選任された。代表理事社長には慎鏞虎、専務理事には趙俊鎬が選任された。朴鎮洋理事と二人の監事を除けば、全員が発起人だった。

社長に就任した鏞虎は、大韓教育保険株式会社という社名を法的に承認してもらうため、最後の戦略を練った。まず、財務部の官吏たちに再び接触を図り、どう考えても社名は必ず変更しないといけないから協力してくれと頼んだ。創立総会を開く前から、財務部当局者たちと何度も会って説得し、教育保険という名の当為性を説明した。保険には〈生命〉という言葉が必ず入らなければならないという固定観念にとらわれていた人たちも、次第に鏞虎の考えを受け入れようという雰囲気になってきた。ここで最後のカードを出すべきだ。

秘蔵のカードは商法を適用した商号変更で、株式会社は株主総会の決議によって商号を変更できるという商法の条項を利用するのだ。鏞虎は創立総会直後、電撃的に臨時株主総会を開き、太陽生命保険株式会社を大韓教育保険株式会社に変更するという議題を議決した。

そして財務部の担当官に事前に了解を得たうえで、臨時株主総会の決議書類を添付して商号変更を申請した。合法的な手続きを踏んで担当官の体面を立てたのだ。こうなると財務部でも鏞虎の完璧な準備と努力に降参せざるを得なかった。正しいと考えることのためには絶対に退かない彼の執念の前に、財務部が折れたのだ。太陽生命保険株式会社を創立したわずか十一日後の一九五八年七月十一日、大韓教育保険株式会社という商号に変更することが正式に許可され、鏞虎は快哉を叫んだ。これで会社設立に関連した難関はすべて克服した。商号と共に、最初の営業商品である進学保険という保険商品も認可された。

鏞虎はいい気分で開業準備を急いだ。まず事務所の空間をゆったり取るために鍾路一街六十番地の二階建てビルに引っ越し、役員七名を含めた四十六名で五部八課と検査室を置いた組織を作った。一般の生命保険会社とは違うということをわかりやすく顧客に示すため、進学保険について説明したチラシを作り、事務書式と顧客用の契約書式の印刷も終えた。こうして営業と事務に必要な準備を終えた八月七日、歴史的な開業式が行われた。

不可能を可能に変えた、意志と執念の産物だった。開業式はささやかだが希望に満ちた雰囲気の中で挙行された。政界、官界、経済界の人士も出席し、新たに誕生した大韓教育保険の将来を祝ってくれた。鏞虎は挨拶の中で、これまで自分が会得した経営哲学と経営信条を述べ、会社の将来を約束して、役職員たちに夢を与えた。

「世の人々はたいてい、他人が休んでいる時には休み、働いている時には働こうとします。つまり他人と同じです。そのくせ、自分は他人より豊かに暮らせることを願います。しかし、同じ人間が他人より休み時間と睡眠時間を減らし、働く時間を増やさないのに、他人より豊かに暮らせるわけはないでしょう。

保険事業とは、将来を見通す綿密な高等数理原則によって目に見えない商品を創案し、これを普及させることです。保険商品は目に見えないので、実需要者である加入者は、他の商品のように実用的な価値を確かめてから加入することはできません。したがって、その需要は常に説得によってのみ創造していかなければならないのです。

他人より先を行くためには、他人が考えつかないようなことを考え、他人よりも努力して緻密に調査し検討し計画したうえで果敢に実践して、やっと可能になるのです。そうでなければ社会の競争で勝利することは不可能です」

鏞虎は人一倍の努力と創意的研究、そして果敢な実践で会社を発展させるという意志を宣明し、最後に会社のビジョンを提示した。

「今日の開業式はささやかですが、悲しむことはありません。先進国でも新しい保険会社が定着するのには五十年かかるのです。しかし私は二十五年以内にわが社を世界的な会社に成長させます。そして二十五年以内にソウルの一等地に、いちばん立派な社屋を建ててみせます」

挨拶が終わると、社員はもちろんのこと来賓客も熱烈な激励の拍手を送った。鏞虎はこれこそ決してロマンチックな夢ではなく、現実的な夢にならなければいけないと思った。ロマンチックな夢は漠然とした憧れだが、現実の夢は未来に対する設計であり計画であり目標なのだ。

鏞虎はしばし目を閉じて、今、自分が成し遂げようとしていることが何なのかを思い返した。独学していた時の夢と、中国大陸で逆境と戦っていた時の夢、解放された祖国に戻っていくつかの事業をしながら持っていた夢を、大韓教育保険株式会社を成功させることで、すべて実現しようと思った。開業式が終わると、役職員や来賓は自分の子供たちのために進学保険に加入して会社の将来を祝福してくれた。

こうして鏞虎は、開業式で約束した世界的な保険会社をつくるための、長い旅路の第一歩を踏み出した。彼は蒸し暑さが少し和らぐ八月中旬から本格的な活動を始めることになって良かったと思った。秋は人の心身を清らかにし、意欲を高めてくれる季節であり、農村は収穫期なので、ある程度経済的余裕ができる。

鏞虎は営業部職員に進学保険開拓の指針を与えて活動計画を立てさせ、自分は専務と共に開業式前から準備してきた支社組織を完成させた。京畿、忠清北道《チュンチョンブクト》、全羅北道、全羅南道、慶尚北道、慶尚南道（忠清南道と春川《チュンチョン》支社は十一月に設置）の道庁所在地に支社を置き、支社長を任命した。支社は総代理店制度で運営する。総代理店制度は支社長がすべての人員と施設と活動について責任を持ち、契約高の一定率を本社から手当として支給される形態で、これは二十歳の頃、大連の藤田商事で創案して運営してきた総代理店制度を改良したものだ。この制度は支社長の能力と努力次第でいくらでも利益を上げられるため、支社長選任は難しくなかった。

その後、この制度を変形し発展させた保険設計士制度が普及した。しかし創業直後、鏞虎が創案した総代理店制度の支社設立は、その時まで団体保険募集に力を入れ、個人保険募集はなおざりにしてきた既存の生命保険会社には思いつかない、果敢で画期的なアイデアだった。この制度を導入したおかげで、創立直後、支社設置と運営に必要な費用がかなり減らせただけでなく、進学保険の開拓を促進することができた。

支社設置を終えた鏞虎は、本社の役職員が研究したマスタープランを検討した後、最初の営業方針を決定した。本格的な営業をするための広報と調査を兼ねた活動で、一人が一つの学校を担当して進学保険を広報し、加入を勧める営業だ。市場調査をするために会った教師や校長の反応からすると、教育界の協力を得るのは難しくないと思えた。生徒たちの家庭状況をよく知っている教師たちが協力してくれるなら、一軒ずつ訪ねて親に会うより数十倍の効果があるはずだ。

一人一校開拓活動は、外勤社員だけではなく役員や事務職員まで全員参加させた。役職員が営業活動をして未来を開拓する決意を見せれば、社員の団結力を高めるのに効果的だろう。鏞虎は社長としての仕事がたくさんあったけれど、他の社員たちと同様、学校を一つ担当した。

「私も社長としての務めを果たしながら、皆さんと同じ仕事をします。そして必ず一等になってみせます」

ソウル市内の国民学校のリストを前に、役職員たちは自分が担当する学校を選んだ。鏞虎は町はずれの学校を選んだ。貧しい家庭の子供たちがおおぜい通う学校を選ぶべきだと思ったのだ。皆の担当が決まると、鏞虎はこう約束した。

「一カ月の成績で一等から三等までは報奨金をたっぷり出すから、一生懸命やってみて下さい」

すると、ある営業社員が笑いながら言った。

「社長が一等になると宣言したんだから我々は一等にはなれませんね」

皆が笑った。

「心配ご無用。私が一等になったら、二等の人に一等の賞金を出します」

一同はまた大笑いした。

楽しそうに笑う職員の顔を見て、報奨金制度はできるだけたくさん導入するのがいいと思った。人は誰でも、よくできた時に褒められれば嬉しくなり、そこに物質的な報奨まであれば意欲が倍化するものだ。これは彼が過去二十年間事業をしながら悟ったことでもある。

一カ月後の成績は鏞虎が一等だったから、役職員全員が驚いた。彼は会社設立初期に社長が処理すべき膨大な業務をこなす合間に、自分の担当した町はずれの国民学校に行っただけだ。それに加えて自分の現場体験を例に挙げて社員教育にも時間を費やしていたのに、一等になるとは。

「絶えず研究し、考えながら必ずやり遂げるという執念を持ち、いっときも休まずに活動した結果です。皆さんもこうした姿勢で働けば、不可能はありません」

鏞虎は約束どおり二等を一等にして、三等まで報奨金を出した。役職員たちの士気が上がるのを見て、率先して模範を見せ、小さなことであっても約束を守ることが重要だと再認識した。

鏞虎の陣頭指揮の下、本社と支社の外勤社員数百名が、九月に認可された児童保険と創立の翌年一月に認可された育英保険まで三つの保険商品を携えて懸命に営業活動をした結果、保険加入者数は一万人近くになった。それでも会社の資金事情は苦しかった。スタート時から運営資金がじゅうぶんでなかったからだ。加入者が三万人を超えれば運営資金が何とか回りそうだった。

開業直後から、運営資金を作るために鏞虎はひどく苦労した。創立翌年でも不足していた販売経費や内勤職員の給与を払うために借金をしなければならないことも、一度や二度ではなかった。借金も容易ではなく、経営が順調な会社には金を借りてくれとせがむ民間金融業者が、彼にはなかなか貸そうとしなかった。事情通の彼らは、大韓教育保険が、運営費がじゅうぶんでない状態で創業したことをよく知っていた。保険会社は営業が難しくて将来性がないという社会的通念も影響していた。創業して二年間、鏞虎は言い表せないほどの苦労をした。耐えられないほど侮辱されたこともある。月給日までに借金をしようと民間金融業者を回って事情を訴えても借りられなかった日には、職員の顔をまともに見られなかった。

後に鏞虎は、会社がうまくいっている時も初心を忘れないために、この頃のことをよく思い出したと回顧している。

「創業してまる二年ほどは、目に見える実績どころか経費すら出ないので、幹部社員も、もうやめようと公然と言い出していました。文句も言わず働いている社員たちに悪影響がありそうなので、懐疑的な態度を見せる幹部を集めて自信がなければ辞めろと言うと、彼らは会社の事情を誰よりもよく知っているのにボーナスや退職金まで要求しました。私は借金して払いましたよ」

鏞虎は八方ふさがりの現実に、死にたいと思うこともあった。そのたびに死ぬ勇気があれば、その勇気で難関を克服しろと自分を鞭打った。困難な状況でも、職員たちに研修をして励まし、絶えず新しい販促のアイデアを開発しながら着実に実績を伸ばした。

創立の翌年である一九五九年には保険募集懸賞制度を導入して大きな成果を上げ、大学支部設置に続き、翌年にはクーポン制実施、一九六一年に百貨店の店頭販売制度導入など、販売増大に全力を挙げた。このうち保険募集懸賞は一九五九年六月と九月の二度にわたって本社と支社の外勤社員を対象に行った。非常に効果が大きく、五十億ファン〔ファン〈圜〉は一九五三年から一九六二年まで韓国で使われた貨幣単位〕もの契約実績を記録した。大韓教育保険は保険募集懸賞の成果によって困難を克服し、鏞虎も安堵のため息をついた。業績に対する褒賞は人の意欲を高めるという真理を、再び確認した。こうして薄氷を踏むような最初の二年間を無事に乗り越え、一九六〇年代を迎えた。

## ◉創業当時の市場開拓

新年になると鏞虎は一年の計画を立て、過去二年間を振り返りながら一九六〇年代の計画を構想した。新年には政治や社会の環境がいくら悪くても、これまで構想してきた新商品を開発し、社員教育に力を入れて契約高を倍増させて十年以内に業界トップに躍り出てやろうと誓った。

しかし政局はいっそう不穏になっていた。三月十五日、第五代大統領・副大統領選挙を前に与党の攻防が激しくなり、選挙戦が白熱していた。その渦中で一月末、野党である民主党の大統領候補趙炳玉《チョビョンオク》博士が病気治療のために行ったアメリカで他界した。以前の選挙で野党の大統領候補申翼熙が遊説中に突然他界したことに続く、疑惑の事件だった。人心はとっくに自由党政権から離れていたけれど、自由党は三月十五日、露骨な不正選挙で李承晩大統領と李起鵬《イギブン》副大統領を当選させた。三・一五不正選挙は一九五六年の第四代大統領・副大統領選挙とは比べものにならないほど買収や脅迫が公然と行われた。野党の強力な大統領候補が死亡しても自信が持てなかった自由党は、開票途中に野党候補者の票数が自由党候補を上回り始めると開票所を停電させて闇の中で自由党候補の票数を増やすなど露骨な不正を行った。野党はすぐに選挙の無効を宣言した。三月十五日に馬山《マサン》で起こったデモを皮切りに、不正選挙糾弾デモが全国に拡散し、ついに四・一九学生革命（一九六〇年四月十九日、不正選挙などに関して大統領の責任を追及する大規模な学生デモが起こったのをきっかけに、李承晩政権が倒れた事件）が起こった。

革命的変革の渦の中で、政治、経済、社会は完全に麻痺し、大韓教育保険の営業活動も大きな打撃を受けた。鏞虎は事態を注視しながら、未曽有の混乱ですべての人が絶望し諦めても、自分だけは冷静でいようと思った。虎にさらわれても、気をしっかり持っていれば助かるというではないか。どんな混乱も時が過ぎれば治まる。それまで自分の仕事を真面目にやっていればいいのだ。政治家でもない自分が、国のためにできることは正直に、誠実に事業を推進することだと信じた。幹部はもちろん、外勤社員にも、浮足立たないで落ち着いて誠実に自分の仕事をしようと呼びかけた。

一寸先も見えない不安な状況が続く中、鏞虎は保険人として初めてのことをやってのけた。四月十一日、三百人余りの国民学校と中学校の卒業生に、大韓教育保険が初めて保険金を支払ったのだ。支給した総額は五百七十万ファンだった。その年の末まで大韓教育保険は総額一千九百三十九万ファンの保険金を、約一千五百人に支払った。創業直後、活動費と月給を調達するために侮辱されながらも募集した進学保険と児童保険に加入した生徒たちに支給する最初の保険金だったから、感慨はひとしおだった。

（彼らは、私の念願だった教育事業の恩恵を受けた最初の子供たちだ。これから毎年数十万人の子供たちがこの恩恵にあずかれるよう頑張らなければ。それでこそ、私の夢が実現するのだ）

保険金が支給され始めると、鏞虎を始め、職員たちはやりがいと誇りを感じた。創業直後、荒れ地を開拓して進学保険という種を蒔いたのが、ようやく実を実らせたのだ。鏞虎は明日地球が滅亡するとしても一本のリンゴの木を植える気持ちで教育保険の種を蒔いていこうと心に誓った。張勉総理率いる民主党政権が成立し、一年中デモが続く極限の混乱の中でも彼はこうした精神で未来を見据えて、役職員を励ましながら会社を経営した。

四・一九の混乱の中、教育保険の認可を受けて営業を始めた。新しい保険商品である教育保険は、既存の進学保険、児童保険、育英保険の弱点を補完したもので、一度加入すれば国民学校から高校まで卒業するたびに保険金を支給し、進学資金として継続して使えるように体系化した保険だ。大学に進学しない人は独立事業資金として使えるだけでなく、加入者が途中で死亡すれば死亡保険金としてもらうこともできる、画期的な商品だった。

鏞虎は教育保険が会社の発展に大きく貢献すると確信した。そしてこれほどの商品なら子供の教育に希望をかけている韓国の貧しい親たちに大きな希望を与えられると思った。

教育保険を世に出した鏞虎は、役職員全員に、自分が管理要員であり販売要員であるという覚悟で活動してくれと言った。国全体が揺れている変革期の困難な状況で誕生した教育保険を生かすためには非常な覚悟が必要だったのだ。そして、毎日、政治や社会の動向を分析し営業戦略を立てるのに没頭した。

各種の利権団体のデモが続いて社会は不安定だったけれど、非常戒厳令が解除され内閣責任制改憲案が発議されるなど国の将来が明るくなりだした五月末、鏞虎はこれまでの不振を挽回するための営業アイテムを出した。六月から十一月まで六カ月間を〈地区別責任開拓および保全革新期間〉として、この期間中の新規開拓目標額を前年度の総契約額と同じ八十五億ファンと定めた。目標額を達成するために中央担当部署を改編して管理を強化し、支社に対する支援も大幅に増やした。また、これまで手をつけなかった団体保険市場も開拓することにした。

六カ月間、鏞虎は本社と支社の実績を週単位で評価し、第一線で陣頭指揮を執った。政治的社会的不安と混乱で委縮していた契約額を増やすための総力戦が続いた。全国が麻痺したような混乱の中、年末決算をしてみると、保有契約額が前年度実績より六パーセントほど減少していた。他の生命保険会社が新規加入者募集どころか既存の加入者の大量離脱によって保有契約額を大幅に減らしていた中、これぐらいで済んだのは不幸中の幸いだと思わざるを得なかった。鏞虎は、四月に販売を開始した教育保険の役割が大きく、保全部を新設してすでに加入した顧客管理に総力を傾けたのが功を奏したと分析した。

四・一九民主革命によって棚からボタ餅のように政権を手に入れた民主党政府は、社会の混乱と各界各層の主張を鎮静させる力がなかった。しかし鏞虎は、アメリカや友好国が民主的な新政府に好意的なので自由党政府よりはうまくやるだろうし、時間が過ぎれば社会も安定を取り戻すと思った。そんな期待を抱いて団体保険市場開拓に力を入れて本格的に活動を始めた。当時、生命保険業界は開拓しづらい個人保険は等閑視して、契約高の大きい団体保険で命脈を維持していた。

大韓教育保険は、進学保険、児童保険、育英保険、教育保険など教育関連保険商品を開発し、個人保険の可能性を業界に認識させてきたが、他の生命保険会社は手間がかかるわりに実益の少ない個人保険市場に背を向け、団体保険市場に固執していた。こうした業界の趨勢をよく知っている鏞虎が団体保険ではなく、難しくて費用のかかる教育関連個人保険の開拓にばかり情熱を注いだのは、会社の設立理念である国民教育振興の基礎をまず固めたうえで団体保険市場に参入しようと思っていたからだ。だが迅速に会社を大きくして経営基盤を安定させるには、団体保険市場も開拓しなければならないと判断して商品開発を急いだ。

大韓教育保険最初の団体保険商品である団体福祉保険が承認されると、すぐに販売を始めた。団体保険開拓の戦略を練って外勤社員に研修を行い、万端の準備を整えている時、青天の霹靂のように軍事クーデター(一九六一年五月十六日、朴正熙を中心とする将校グループが起こしたクーデター)が起こった。

全国民が驚き、不安になったが、軍は、久しぶりに自由を満喫して言いたいことを言っていた勢力を黙らせ、強圧的ではあるが短期間に社会を安定させた。民主主義は後退したものの、社会の混乱は収まった。

政権を握った軍事政府は革命公約の一つである国家経済再建のための経済企画院を新設し、経済開発五カ年計画を立て、資源を調達するために汎国民的貯蓄運動を始め、節約と耐乏生活をするよう国民に訴えた。これを契機に職員の活動を強化した大韓教育保険は、年末に教育保険新契約の年間総額百三十七億ファンを達成した。前年に比べ四倍の実績を上げたのだ。社会の安定が企業活動にどれほど重要であるかを実感した年だった。

クーデターの翌年、政府は第一次経済開発五カ年計画を発表し、国内資本調達のためにすべての公務員と国営企業体職員の月給から二パーセントを強制的に貯蓄させる国民貯蓄組合法を制定して、保険会社を銀行と同等の貯蓄機関に指定した。おかげで大韓教育保険も一般の銀行と同様に営業できるようになった。これはすべての生命保険会社に跳躍のきっかけを与えた。

これを契機に、生命保険会社は毎月二パーセントずつ義務的に貯蓄する機関や会社の団体保険を誘致しようと躍起になった。保険会社の間で、規模の大きい団体や機関を誘致する競争が激化した。創業以来、個人保険営業だけでやってきた大韓教育保険は、団体営業で成果を上げれば飛躍的に発展できるはずだ。鏞虎は団体保険開拓が会社を成長させる最大のチャンスだとして職員を激励するいっぽう、自らも募集前線に飛び込んだ。

最初の団体契約は全国葉煙草生産組合連合会と締結した国民貯蓄契約だ。国民貯蓄組合法が発効した二月初旬から営業を始め、六カ月後にようやく得た、大韓教育保険最大の契約だった。他の役職員も交渉に当たったけれど、最大の功労者は鏞虎だった。彼は社長の名刺を持って実務者や幹部に会って大韓教育保険の設立趣旨を説明し、教育保険が貧しい子供たちに進学の機会を与え国民教育振興に貢献しているという点を強調して協力を仰いだ。

他の生命保険会社は職員か中堅幹部が来たのに、大韓教育保険は毎日のように社長がやってきて創立理念を説明しながら丁重に頼む姿が実務者や幹部の心を動かした。結局、彼の誠実で丁寧な説得が実を結んだわけだ。

一九六二年六月二十日、大韓教育保険は全国葉煙草生産組合連合会と十二億ウォンの団体保険契約を結んだ。一つの契約としては当時、業界で最高額だった。契約十日前の六月十日、貨幣単位は十分の一に切り下げられたが、貨幣改革前の額にすれば百二十億ファンだ。

これに続き、十一月には海軍と一億五千万ウォンの団体福祉保険を締結し、一九六三年三月には全国教育公務員と国民貯蓄契約を締結するなど、団体契約を次々と成功させた。個人保険である教育保険の開拓にも力を注いで全体の個人保険の五十パーセント以上の実績を維持した。

その結果、一九六四年には保有契約百億ウォンを突破し、創業六年にして業界二位に浮上した。この年、鏞虎は第一回貯蓄の日に最優秀貯蓄機関として大統領表彰を受け、翌年には国民教育振興に寄与した功労により、文教部長官表彰を受けた。国民教育振興と民族資本形成という夢をかなえるために無一文の状態から会社を興して茨の道を歩いてきた鏞虎は、国から会社の創立理念を認めてもらったようで嬉しかった。しかし、まだ行くべき道のりは遠い。

（人は賛辞を送ってくれるけれど、これまでの実績は創立理念を実現させるための最小限の基礎を築いただけだ。本格的なスタートはこれからだ）

会社の基礎を固めるためには、どんなことがあっても教育保険はもちろん、規模の大きな団体保険をもっとたくさん開拓しなければならないという思いで、鏞虎は進行中だった陸軍との契約締結に全力を傾けようと決心した。国内で最も金額の大きい陸軍との契約だけは、必ず自分の力で成し遂げ、会社の契約保有額を一挙に増やしたかった。

## ◉信頼を得て業界トップに

陸軍は一九六一年三月から逓信部の新生活《セサルリム》保険に毎月約二億ウォンを貯蓄していた。銀行や保険会社より政府機関である逓信部との取引が安全と思われたからだ。しかし、逓信部と取引きを始めて一年後、利子の計算で事故が起こった。逓信部の担当者が個人別の通帳に印刷した利子の計算が、九十パーセントも間違っていたことが発覚した。利子を少なく計算していたために、数十万人の利子を計算し直して通帳を再発行する騒ぎになった。

陸軍に出入りしていた職員から報告を受けた鏞虎はすぐに陸軍徴収課担当者を訪ねて挨拶し、間違いが起こらない制度はもちろんのこと、加入者の利益になる保険商品を開発するから大韓教育保険に貯蓄してくれと頼んだ。しかし担当将校は一言の下に拒絶した。創立して四年にしかならない小さな保険会社に関心を持つはずがないのだ。だが鏞虎はそれ以来、毎週三、四回は自分で行って担当者と親しくなり、そのいっぽうで陸軍に合う商品開発を急いだ。

まず、軍の特性を研究した。軍人は転出、転入、転役が多く、毎年、号俸（給与体系の等級）が上がって給与が変動するたびに追加契約をしなければならないなど業務が煩雑だった。逓信部がミスを犯したのもそのせいだ。陸軍と取引きするなら、これを簡素化する方法を考えなければならない。こうした実態把握と研究の末、軍の特性に合う特殊貯蓄保険を開発した。団体専用で、業務の煩雑さを解消し、毎月払う保険料を三分の一以下にして負担を減らしたうえ、除隊する時には約束した保険金と特別配当金を支給する商品だ。

新たに開発した商品を引っ提げて、鏞虎は陸軍を頻繁に訪れた。もちろん他の保険会社も同じだ。一つの契約としては国内のみならず東洋最大の金額になるのだから当然だろう。大韓教育保険より大きなＫ生命は中央情報部長金炯旭《キムヒョンウク》を動員して陸軍に圧力をかけ、Ｄ生命も力のある政治家を動員して根回しをしていた。

他の小さな会社もあったけれど、結局一番新しい大韓教育保険とK生命、D生命の三つ巴となった。社内では有力な政界、官界人士を動員しようという提案が出された。鏞虎が韓国製鉄でひどい目に遭ったことを知っている幹部もいたのに、焦るあまり、そんなことも建議されたのだ。だが鏞虎は幹部の焦りを理解しながらも、そんな方法はまったく考えなかった。

「見ていなさい。陸軍との契約は、必ず成功させるから」

そう宣言した鏞虎には、彼なりの戦略があった。まず、人間的な信頼を築くことだ。担当者である徴収課の責任将校は何度も接触する間に、最初に会った時とは違って鏞虎の誠実な人柄と、無一文から大韓教育保険を設立して貧しい家の子供たちの進学を助けるため職員と同じように営業をしていることを知り、好感を持っていた。特に国民教育振興と民族資本形成が創立理念であると聞いて、内心では鏞虎を信頼していることが、態度から見てとれた。鏞虎は自分の真剣さを知っている担当者と信頼を築くのが重要だと思った。

次に、陸軍の将校や兵士に利益を与えることだ。郵便貯金や銀行預金は年複利が三十パーセントだったが、鏞虎は年複利三十二・三パーセントに加え、死亡や災害時には追加補償をする破格の商品を考えた。年複利三十二・三パーセントを支給しても、定期預金金利と連携しているので金利が下がれば利子も比例して下がり、大きな損失はないことを計算に入れていた。

軍人に利益を与えるのだから、いくら政治権力が介入しても大丈夫だと信じた。こんな提案を担当将校に伝え、機会をうかがっていた時、さらに好材料ができた。金聖恩《キムソンウン》国防部長官が軍人の子供のための学校を建てようとしたけれど、予算がなくて方法を模索しているという情報が入ったのだ。兵士はたいてい一カ所で勤務して除隊するが、将校など職業軍人は移動が多く、子供は引っ越しのたびに転校しなければならない。それで国防部は子供の教育についての悩みを解消して士気を高めるため、前線に近い江原道春川《チュンチョン》に軍人の子供のための学校を建てるべく起工式を行った。ひとまず始めておいて、建築費は後からどうにかしようということだ。だがいざ建築費を調達しようとすると、うまくいかなかった。文教部が、軍人の子供だけのための学校は教育の公平性にはずれているから建築費は出せないと通告してきた。国防部の予算は軍の戦力増強や軍人のためにしか使えない。解決方法を探っていた金聖恩長官は、軍人年金に死活を懸けた保険会社に協力を仰ぐことにして、保険会社代表を国防部会議室に集めた。

鏞虎も連絡を受けて国防部会議室に駆けつけた。顔なじみの保険会社常務や専務が来ていたが、社長は自分だけだった。金聖恩長官は学校建設規模を説明し、保険会社幹部に軍人学校建設費と運営費をどれぐらい助けてくれるのか、金額を書けと言った。すると他の生命保険会社の専務や常務は会社に帰って社長と相談するから時間をくれと言った。だが鏞虎はためらわずに二億ウォンと書いて提出した。一九六七年当時、二億ウォンは、他の生命保険会社では考えられない大金だった。大《テ》成学院《ソン》（大成大学を設立した財団。大成大学は一九五二年に他の四つの大学と合併し、国立全南《チョンナム》大学となった）設立委員として、また永保国民学校設立者として故郷で教育事業に献身していた父の姿が思い浮かんだ。強い国になるには国民が教育を受けなければならないと口癖のように語っていた父の声が耳に響いた。教育保険を通じて健全で透明な民族資本を形成し国民教育に貢献する大韓教育保険の代表として、二億ウォンを出すことにしたのだ。もちろん、そんな大金を提供しても、軍人保険を独占できるという保証はない。

会社の規模からするとやり過ぎかもしれないが、命懸けで国を守る軍人に対して当然すべきことだと思った。文書を作成し金聖恩長官に渡した瞬間、李陸史の姿がぼんやり浮かんだ。北一公社をやっていた一九四三年初夏、最後に訪ねてきた陸史に独立運動資金を渡した場面がオーバーラップした。陸史は彼から資金を受け取り、重慶と延安に行ってくるとこっそりささやいた。

「細かいことを話さないのは、万一を考えてのことだ。もし私に何かあっても、私と君はまったく知らない同士だよ」

鏞虎は陸史が日本軍の手の届かない重慶や延安に行くのは、光復軍のために武器を購入しにいくのだろうと思った。

あれほど願っていた祖国の解放の一年半前に異国の冷たい監獄で殉死した陸史が、天のどこかで自分を見てくれている気がした。すると、事業家になって祖国に奉仕するという約束を、再び実践することになったという誇りが全身を包んだ。金聖恩長官の太い声が、思い出にふけっていた鏞虎を現実に引き戻した。

「軍に対する慎社長の愛情を確認しました。軍の特性に合う商品を開発し、花郎支社を通じて主要単位部隊と保険契約を結んだこともよく知っています。近いうちに団体保険を締結する会社を選定します」

緻密な戦略と果敢な決断で、鏞虎は一九六七年四月初旬、陸軍と契約を結んだ。必ず勝ち取るという約束を果たしたのだ。陸軍と契約を締結したという知らせを受け、社内は歓喜に湧いた。業界は、後発の保険会社がとんでもないことをやり遂げたと驚いた。契約額は百七十億ウォンで、韓国の生命保険史上、単一の契約としては最大だった。陸軍との契約が成立したことによって大韓教育保険の保有契約額は三百七十四億ウォンとなり、保険業界トップに躍り出た。そして創立十周年の一九六八年八月までに総保有契約額は四百六十億ウォンに増え、月平均新契約額も二十億ウォンを突破する急成長を見せた。年間新契約占有率二十三パーセント、占有率三十パーセントで業界トップの座を守り、会社の基盤を固めた。

先進国でも保険会社が安定するまでには五十年かかるというのに、最も後発の大韓教育保険が創立九年にして国内業界トップになったのはまさに驚くべきことで、多くの人がこの快挙を祝ってくれた。業界第一位。鏞虎はこの九年を振り返った。それは誠実さの勝利だった。自分の人生観であり大韓教育保険の社訓である誠実が成し遂げた成果だ。しかし、指で生木に穴を開けてみせるという強い意志と努力があったからこそ実現できたことであり、それなしには将来の発展も見込めないだろう。

## ◉遠く広く見よ

会社を業界トップに押し上げた鏞虎は、有能な経営者に社長の座を譲る時が来たと思った。一般の管理業務は社長に任せ、自分はより総括的な企画や戦略を立てるのだ。大きくなった会社を発展させ続けるには未来志向の政策開発に時間を費やさなければならない。一九六七年五月十五日、鏞虎は社長の座を趙俊鎬副社長に譲り、自分は理事会会長となった。趙俊鎬は創立準備の時から彼の事業理念に共感し、会社の発展のために身も心も捧げてきた同志だ。

理事会会長就任後、鏞虎は現場を巡回した。保険は現場の保険設計士たちが顧客を誘致する業務がすべてで、一人でも多くの顧客を獲得することが重要だ。一件の契約が数千回繰り返されて数千件の契約になる。蒔いた分だけ刈り取るのが保険の営業というものだ。鏞虎は第一線の職員たちと言葉を交わして問題点を把握し、自分の経営哲学を伝播した。一つ目は、世の中にはただで得られるものも、秘密もないということだ。

「ただで手に入れると、努力せずに安易に手に入れようとするようになります。そうしているうち、他人をだましたり世の中を怨んだりするようになり、悲観して意欲を失うものです」

鏞虎の言葉に、外勤職員たちがうなずいた。世の中にただで得られるものはないということは、毎日顧客に接している自分たちが切実に感じていることだ。

彼は農村出身者が大部分を占める外勤職員たちが理解しやすいよう、米を例に取って話を続けた。

「米という漢字を分解すると八十八になります。一粒の米を作るのに農民の汗と真心が八十八回注がれるからです。皆さんも顧客に会って新しい契約を得るためには農民の気持ちになって汗と真心を注がなければなりません」

外勤職員は黙って米の字を思い浮かべ、決意を固めた。

「次に重要なのは、種を蒔かなければ収穫できないということです。塵も積もれば山となるということわざのとおり、一瞬ごとに情熱を傾けて自分の仕事に投資しなければ実を得ることはできません。毎日一つずつ新聞記事を切り抜いて暇ができるたびに読んでいれば、十年後には皆さんの誰もが博士学位論文を三、四篇書く知識が蓄積されます。少しずつ、ゆっくり、しかし粘り強く投資してこそ、果実となって戻ってくるのです」

独学で保険業の生理を学び、教育保険という独創的な事業アイデアを創案した鏞虎らしい営業哲学だ。外勤職員たちは会長であり創業者である鏞虎が平凡な真理を説くのを聞いて、自分自身の行動を振り返った。

鏞虎は千六百人以上に増えた外勤職員の一人一人に自分の営業哲学を教えた後、先進国の保険市場を調べるために海外出張をした。そして国内外を視察し、〈第二の創社運動〉を構想した。大韓教育保険が業界トップになり、鏞虎が理事会会長に就任した一九六七年は政府の第二次経済開発五カ年計画が始まった年で、過去五年間に九パーセント代の経済成長が続き、国民は希望に満ちていた。九老洞《クロドン》輸出工業団地を完成し全州《チョンジュ》公団建設に着手するなど、政府は輸出と工業立国に総力を傾けていた。政府の第二次計画の青写真も意欲的なものだった。

鏞虎は第二次、三次経済計画が成功するなら、一九七〇年代には韓国も貧しさから脱け出るだろうと予想した。国民も、先進国のように一人で何種類もの保険に入れる経済的余裕を持つ時代が来る。一年後だけを見て計画を立てていた近視眼的態度を捨て、五年、十年を見通す中・長期計画を立てて新たな経営環境に備えるべき時が来た。

五年、十年後の大韓教育保険の未来像をどう設定すべきか、先進国を視察しながら彼は考え続けた。保険は国民の生活レベルに直結するから政府の経済政策を研究して未来を設計すべきだが、政府は第二次計画が終わる五年後の韓国のＧＮＰを一九六六年の三倍と想定していた。それなら大韓教育保険の保有契約額を三倍、四倍と想定してもよさそうだ。経済が発展すれば就業者も増え、国民それぞれの所得もそれだけ増えるから、努力すればそれ以上の契約額にすることも不可能ではない気がした。一九六七年四月の会社の総保有契約額が三百七十四億ウォンだから、一九七一年の総保有契約額を一千億ウォン以上にする計画を立ててもいいだろう。

そんな計画を立てるには、まず革新と再創造の戦略が必要だ。まず新規契約を大幅に増やすために外勤職員を補充して能率を上げられるよう組織し、研修をすべきだ。保有契約額の保全管理組織も改善し、発展させなければならない。科学的で合理的な経営管理技法を導入して会社を再生させないかぎり、一九七〇年代の保険市場で先頭走者にはなれないだろう。鏞虎は第二の創社運動の方向を、変化と革新と設定した。変化と革新は鏞虎が生涯持ち続け、実践していたものだとも言える。固定観念を壊すアイデアと独創的な人事管理、そして経営哲学こそ、変化と革新の精神から出たものだ。

第二の創社運動の第一歩は経営部門の制度改革で、最初の作業は予算管理制度の導入だった。韓国の生命保険会社の草創期には、予算管理制度は導入されていなかった。生命保険は工場で品物を生産して売る製造業とは違い、事業費が流動的なので事前に予算を立てることが難しく、無意味だと思われていた。それで生命保険会社は実際に発生する事業費を事後に管理する消極的な方法を取っていた。積極的に事業を推進する場合は事業費を投資した後に業績が上がらなければ、莫大な経費が超過支出されてしまった。

鏞虎はこうした制度を改め、予算の科学的な運用方法を考えるために、管理部傘下に予算課を新設した。先進国の生命保険会社の予算管理制度を予算課の職員と共に研究して大韓教育保険の特性に見合う制度を作った。予算管理制度の導入で科学的経営管理時代が始まり、新規契約が急増した一九七〇年代でも目標管理と予算節減が可能になった。

予算管理制度を改革した後には、第二の創社運動をすべての部門に拡大した。人材養成体系を整備しなおし、業務処理基準と手続きを規定した社規集『事務取扱規定』を発刊した。

また、保険は契約管理期間が長いという属性があるので、数理統計課長を日本に派遣して電算実務を学ばせ、幹部社員四名に電算化計画を本格的に研究させた。一九七〇年代には幹部社員二名を再び日本に派遣して日本生命と日本IBMで十カ月電算教育を受けさせた。彼らが戻ってくると電子計算室を発足させて本格的な電算化作業を始めた。

電子計算室では保険事務の電算化作業を推進し、個人保険業務の電算化を一段落させた。一九七五年にはIBM社の最新大型コンピュータIBM三七〇-一二五を輸入し設置した。国内保険会社で最初であったのはもちろんのこと、民間企業が大型コンピュータを業務用に設置するのは珍しいことだった。大型コンピュータでデータベースを構築し、ソウル―釜山間のオンラインシステムを稼働させた。保険業界初のオンライン業務は、迅速で正確な顧客サービスの新時代を開いた。

電算化作業を推進しながら鏞虎は職員に向かって「これからはコンピュータができなければ幹部にはなれない」と口癖のように語った。コンピュータの原理を知って自由に使いこなせない人はこれからは何もできないから一生懸命勉強しなさいということだ。ごく少数の人たち以外はコンピュータを自分とは関係ないものだと思っていた一九七〇年代初めに、彼は既に情報化時代を予見していた。彼が予想したとおり、大韓教育保険は一九七一年三月に業界初の保有契約一千億ウォンを突破し、三年後には二千億ウォンを突破した。電算化しなかったならとても処理できなかっただろう。

保有契約二千億ウォンを突破すると、五百人以上いる役職員と全国の機関長が出席する中、大躍進総決起大会を開催し、その席で第一次五カ年計画を発表した。五カ年計画は創立二十周年を迎える一九七八年までに第二の創社運動をつつがなく終え、一九八〇年代に新たな跳躍と高度成長を持続させるための基盤を築く長期計画だ。一九七八年の総保有契約目標を一兆五千億ウォンとし、これを実現させるために機関数を四百、組織員を一万五千名に拡大することなどを骨子としていた。こ の計画は第一次オイルショックなどが影響して一兆ウォンを突破するに終わったが、二千億ウォンを突破してわずか四年後に五倍になるという驚異的な伸び方だった。創業して二十年で大韓教育保険は立派な成人になり、第二の創社運動も有終の美を飾った。

(会社をこんなに元気な成人になるまで育てるのに、苦労したものだ。これぐらいになれば、いちおうは成功したと言えるだろう。しかし大韓教育保険が百年の計を完成するまでにはまだまだ道は遠い)

鏞虎は会社創立二十周年に自らそう総括し、会社の未来を考えた。

第二の創社運動を準備していた一九六九年九月二十五日、鏞虎は保険人初の国民勲章を受章した。貯蓄の日に大統領が直接授与する国民勲章の授与事由として、政府は四つの功績を挙げた。

一、国内初の教育保険を創案し開発して国民貯蓄を通じた経済発展に大きく寄与した。

二、業界が開拓の容易な団体保険を中心にしていたのに対し、創立時より個人保険に力を入れて業界全体の個人保険の五十パーセントを占有するなど、家計貯蓄増大に卓越した成果を上げた。

三、創立以来十年間、経営合理化に努め、最も後発であった大韓教育保険を最優秀企業に成長させるなど生命保険の発展に先導的役割を果たした。

四、保有契約額七百六十四億ウォン（業界占有率三六・四パーセント）を達成し、政府の貯蓄目標を超過達成するいっぽう、貯蓄された資金の九十六パーセント以上を住宅建設、地下資源開発、干拓事業、道路、港湾建設など国家の基幹産業に調達することで経済開発と社会福祉に貢献した。

創業以来十年間、鏞虎と大韓教育保険の役職員が成し遂げた事業成果が政府に評価されたのだ。

しかし大韓教育保険の成長の裏には言い知れない悩みもあった。代表的なものが、鏞虎の独特な人材観を役職員が理解できないことだった。鏞虎は保険を〈拒絶の営業〉だと思っていた。いくら良い商品を紹介しても、顧客は拒否の姿勢で聞くものだ。将来遭遇する危険に備えた商品を販売するのだから、顧客の立場からすると反発を感じても不思議ではない。

特にたいていの人は毎日の生活で精いっぱいなので未来の商品である保険の必要性をすぐに感じることはできない。そのため保険設計士たちは疲弊して自信を失いがちだ。鏞虎は失敗と挫折を楽観的に受け入れるべきだと思っていた。目の前の成果や実績よりは、失敗と挫折をどう克服して受け入れるかが大切で、保険人の資質を備えた社員をたくさん養成するのが成功の秘訣だと思った。しかし、当座の実績に汲々としている現場の営業責任者や一部の役員は、そうした考えを理解できなかった。未来志向的な人材観に固執する鏞虎の経営哲学は、当座の営業成果にこだわる役員たちと時折衝突した。そのたびに鏞虎は会社の未来のために革新的な人事を断行しなければならなかった。

鏞虎の独特な人事管理は保険業の特性から来ている。目に見える品物があるわけでもなく、固定した販売網や取引先があるわけでもない保険業には、能動的な経営戦略が必要だ。鏞虎は、経済環境に影響を受けやすい保険業は、固着化した体系にこだわるべきではないと信じていた。時々刻々と変わる経済状況はもちろん、顧客のライフスタイルの変化に合わせて、リーダーも絶えず自己革新をしなければ会社は発展しない。鏞虎は変化無双の経済の流れに合わせるため、開放的で革新的な人事管理を断行した。会社の未来のために年功序列に反する人事を断行するたび、鏞虎は痛みを感じた。そんな時には対象者を呼んで慰労した。普段の晩酌はワイン一杯程度なのに、そんな席では痛飲した。

青年期に文学者や音楽家を夢見ていた鏞虎は芸術的感性に優れていた。三番目の兄鏞源が声楽家だったことからも推測できるように、鏞虎も歌がうまかった。現場経営を重視していた彼は、暇さえあれば全国の支店を巡回して保険設計士たちと語り合った。鏞虎は保険業の生きた証人、そして先輩として知恵や経験を話し、食事の席で気分が良くなると「愛の迷路」といった流行歌を歌って保険設計士たちの苦労をねぎらった。

保険業界は女性社員が多い。一九六〇年代以後、保険業界が量的に膨張して採用された女性たちの中には、正社員になる人もいれば、家計の足しにするため働く主婦もいた。鏞虎は主婦社員たちの強靭な母性を高く評価した。そして保険業においては販売者と顧客が一つであるという事実に注目した。商品を販売する職員自身が、誰よりも保険を必要とする顧客だ。だから保険業の発達は、顧客と職員すべてを満足させる。

保険を理解した顧客が商品に加入し、保険の恩恵を受けた顧客が感動して販売者になることを、鏞虎は核分裂と呼んだ。小さな種が花を裂かせ、その花から数千の新たな種ができ、ついには花畑になる。顧客と販売者の同一性は保険業の成長につながり、保険会社は増えた保有契約額を産業に投資して経済活性化を促すから雇用を生み出す。

鏞虎の核分裂論は人類が長い歳月の経験を通じてつくってきた組織管理で得た知恵だと言える。人類は共に生き、多様な組織体系を作ってきた。縦の関係と横の関係、求心点から円形に広がる点組織（点のように散らばっている組織）などの基本的モデルを土台に、さまざまな組織ができた。鏞虎の言う〈核分裂〉は、顧客と販売者が一つになり、顧客の感動を通じて顧客が新たな顧客を作るという点で画期的だった。

もちろん核分裂を起こすには顧客の満足と感動が必然的だ。それで鏞虎が核分裂を通じた組織拡大を強調したのは、顧客に無限の責任を持って奉仕しなければならないという自分との約束であり、保険設計士たちに対する激励だった。保険設計士は無資本無店舗でも本人の力量と努力次第で成長の可能性が無限に開かれているから、鏞虎は顧客であり販売者である主婦設計士を大事にした。それでも主婦たちは定着率が低く、縁故を通じた販売に傾く傾向があった。それで主婦たちの販売所得を向上させ、専門保険設計士にするための研修を重視した。

主婦に対する研修で彼が特に強調したのは、一度の顧客は永遠の家族という命題だった。顧客は保険の必要性によって結ばれた縁だが、契約締結で縁が終わってはならない。鏞虎は六矣廛《ユギジョン》（朝鮮時代に鍾路にあった特権的商人組合）のユニークな文化を例に挙げた。

「六矣廛の商人には、父が子にお得意さんのリストである〈福帖〉を譲る伝統がありました。彼らは福帖を先祖の位牌と同じほど大切にしていました。福帖にはお得意さんの家の来歴から先祖の祭祀を行う日にちまで詳しい情報が記録されていて、商人たちはこの福帖でお得意さんを管理し、お得意さんを〈福人〉と呼んで丁寧に接しました。お得意さんのおかげで自分の家が代々商売を続けて幸せに暮らせるのだから、福人と言ったのです。保険の営業も同じです。一度縁ができた顧客に真心を持って接したら、顧客が顧客を呼ぶでしょう。顧客は皆さんの財産なのです」

主婦たちに対する鏞虎の愛情と配慮は会社の発展にも起爆剤として作用した。それと同時に、大韓教育保険は女性の社会参加を促した企業として韓国経済に大きな足跡を残した。

# 第六部

# 人が希望、人を育てる

## ◉国民教育の夢、教保《キョボ》文庫

社屋を建設した当時、世宗路の交差点は地上の横断歩道がなく、道を渡るすべての人は地下道を利用していた。鏞虎はソウル市の許可を得て、教保生命ビルの地下空間と世宗路の地下道をつないだ。立地条件の良い教保生命ビルの地下一階を借りたいという申し出は完工前からたくさんあり、大韓教育保険不動産企画チームも地下空間に高級レストランや店舗などを入居させる計画を立てた。だが鏞虎の考えは違った。

「書店を開くことを前提に事業計画を立てて下さい」

企画チームは仰天した。こんないい場所で、赤字になるに決まっている書店を運営するなどあり得ない。担当者は、どうしてわざわざ、最も商売にならない書店を造るのかと不満だったけれど、資料を集め、書店業界の現況を分析して計画を立てた。損益計算をしてみると、賃貸料を勘定に入れなくとも大赤字になるはずだった。

しかし計画書を検討した鏞虎の判断は違った。鍾路にあるいくつかの書店の営業現況を元にした分析を、そのまま適用してはいけないと思った。ソウルの中心である世宗路交差点に位置する教保生命ビルの地下は場所が良く、世宗路地下道とつながっているうえに、売り場面積が運動場みたいに広くて平面だ。その長所を最大限に生かし、書店の内装も先進国に負けないデザインにして運営を現代化すれば一、二年のうちに損益分岐点を超えると確信した。

鏞虎は東京の紀伊国屋書店や三省堂書店よりも大きく立派な書店を造って若い人の読書意欲を高めようと思ったのだが、役員は誰一人として彼の提案を喜ばなかった。韓国の読書人口からすると大赤字が予測されたからだ。

「もちろん最初の一、二年は赤字でしょう。それでも大韓教育保険が行うべき事業なのです。わが社の創立理念は国民教育振興ではありませんか。青少年を学校で教え社会に送り出しさえすればいいというものではありません。学生はもちろん、社会人もずっと本を読んで幅広い知識を吸収し、人格を向上させて能力を高めていかなければならないのです。そうしなければ、わが国は先進国になれません。

それなのに、現在のわが国の書店を見てごらんなさい。鍾路書籍以外は全国どこも小さな本屋ばかりで、月刊誌と参考書を中心にしていて、文学書や教養図書は大衆的なベストセラーをちょっと置いているだけというのが実情です。レベルの高い本は買う人がいないから仕入れることができず、そのために買いたい本があれば出版社を調べて買いに行かなければならない。しかし書店ばかり責めるわけにもいきません。空間が狭いからどうしようもないのです。そんな有様だから、志のある出版社がレベルの高い教養書や学術書を出したくても、仕入れてくれる書店がなくて出版できないでいます。国が発展して先進国になるにはベストセラーも必要ですが、人文科学や自然科学といった専門教養書がたくさん出版されなければならないし、そんな本がたくさん読まれるように読者と出合える広場が必要です。書店をやりたい理由は、青少年を始め各界各層の読者が望む本に出合える場所を造りたいからです」

鏞虎は、いつになく長い話をこう締めくくった。

「要するに、わが国初の、本の百貨店を造るのです。百貨店で何でも買えるように、わが国で刊行された本を全部並べて、誰でもほしい本が手に取れるようにしようというのです。外国の本も輸入して売らなければなりません。幼稚園の子供から大学教授に至るまで、本を探している人たちが自由に出入りできて好きなように本を手に取って、お金がなければ立ち読みする、図書館みたいな本屋にします。朝から晩まで知識を渇望する人たちが発散する熱気でこの社屋を熱くしたいのです。そして青少年期からわが社の書店を愛してくれて、本を買っていた人たちが成長して立派な作家や大学教授になったり、事業家になったり、ノーベル賞を取ったり、大統領になったりすると想像してみて下さい。これ以上に、国のためになる事業がありますか。とてもやりがいのある事業でしょう。これはわが社の第二の創社運動みたいな、第二の国民教育振興運動だと思っています」

ずっと心に秘めてきた思いを幹部たちに打ち明けてしまうと、心が軽くなり、意欲が倍化した。

書店の名は〈株式会社教保文庫〉と定め、本格的な内部デザインに入った。鏞虎は書店の入口に「人は本をつくり本は人をつくる」という文句を刻むよう命じた。解放直後に民主文化社を設立し、出版事業を始めた時の座右の銘だ。良い本を作って人材を育てるという夢は挫折したけれど、本を通じて人をつくるという夢だけは必ずかなえるという意志の表明だ。

開店準備に入ると、出版界と書店業界に噂が広がった。出版界は喜んだ。真っ先に電話を寄越したのは乙酉文化社の鄭鎮粛《チョンジンスク》社長だ。

「実に素晴らしい決定をなさいました。教保文庫はわが国の出版文化育成に大きく貢献するでしょう。ほんとうにありがとうございます」

鄭鎮粛社長は十数年間、出版文化協会会長を務め、出版文化発展に寄与した出版界の長老で、鏞虎やサムスンの李秉喆会長など企業人たちの親睦ゴルフ会〈水曜会〉メンバーとして付き合いがあった。彼は、出版関係者は全員が喜び感謝するだろうが、書店経営者の反対が心配だと言った。

鏞虎も予想はしていたけれど、その心配どおり、書店の反発があった。書籍商連合会の名で大型書店に反対する文書が送られ、抗議に訪れる人が続いた。大型書店ができれば小さな書店は客を奪われて潰れるというのだ。だが、それは近視眼的な主張だった。鏞虎は、教保文庫を造ろうと決める前からこの問題を検討し、群小書店にはあまり影響がないと判断していた。その理由は以下のとおりだ。

まず、本は一般商品と違って出版社が販売定価を印刷して書店に出し、定価どおりに売るから、小さな書店で買おうが大型書店で買おうが同じだ。それで、広告や書評などで情報を得て本を買う人は会社や家の近所の本屋で買い、そこになかった時だけ大きな書店に行く。だから大型書店が小さな書店に及ぼす被害は少ない。

二つ目に、大型書店では、小型書店では場所が狭くて扱えない本を並べるから、学術書籍やレベルの高い教養図書の出版を促進して学術文化発展に寄与する。読書人口の底辺を拡大するので、結果的に小さな書店にも利益となる。

三つ目は、大型書店ができれば、その周辺に専門的な小さな書店がたくさんできて書店街が形成される。神保町には大型書店と小型書店が共存しているし、ヨーロッパの有名な書店街にも大型書店は必ず一つか二つ存在している。これは大型書店が小さな書店を潰すのではなく、むしろ助けになることの証明だ。

そう説明して教保文庫開店の当為性を理解してもらうために何度も書籍商代表に会って話をした。彼らはその説明を理解し、うなずきながらもなかなか引き下がらなかった。

書籍商たちと話し合ういっぽうで、鏞虎は以前から知っていた李道先《イドソン》を教保文庫社長に招聘することにした。李道先なら開店準備はもちろんのこと、開店してからも力量を発揮してくれるだろうと思った。社長になってくれと頼まれた李道先は、その春から大学で教えることに決まっているからと丁重に辞退した。しかし、鏞虎は諦めずに説得した。

「国会議員を何度も務めた方に書店の社長をしてくれというのは申し訳ないけれど、この事業は単なる書店の経営とはわけが違うから、特にお願いしているのです」

鏞虎は、書店を造る目的は読書人口の底辺を広げ、出版文化発展を牽引することにあるのだからといって頼んだ。平素から彼の事業哲学や人柄をよく知っている李道先はついに、軌道に乗るまで運営を助けるという条件で教保文庫社長就任を受諾した。

保険会社の監督部署である財務部は、当初、書店開業に否定的だった。書店は収益が少ない業種として知られているから、赤字を出して保険加入者に損害を与えかねないとして、実務者たちが難色を示した。李道先社長は李承潤《イスンユン》財務部長官を訪ね、当分の間、赤字を出しても書店を開くという鏞虎の意志と、書店開業に込められた意味を説明した。李道先社長の言葉に、李承潤長官はそんな立派な志でやることなら財務部は反対できないと言い、投資承認を約束してくれた。

このように教保文庫は各界各層の激励を受けて開店準備を進めていたけれど、書籍商連合会の反対だけはなかなか収まらなかった。開店を強行してもいいのだが、鏞虎は彼らの同意を得て、すべての人に歓迎され祝福されてオープンしたかった。こうした事情を知っている鄭鎮粛社長など出版界代表や社会指導層の人士までが説得を試みたけれど、書籍商連合会は折れなかった。

鏞虎は最後にもう一度、彼らに会うことにした。社長である李道先と共に書籍商代表に会い、今度は大型書店の必要性や肯定的な効果を説くことはせず、とにかく寛大な気持ちで受け入れてほしいと頼んだ。自分は書店で金儲けをしたいのではなく、書店を根拠にして読書運動を繰り広げ読書人口を増やすのが目的だから、この点を理解して開店に同意してほしい、金を稼ぐつもりならテナントを入れたほうがいいのに、わざわざ赤字を出して書店をするのだと言って説得した。白髪の鏞虎に頭を下げられて、彼らはついに折れた。鏞虎は書籍商連合会代表の体面を立てるため、当面は月刊誌を売らないと約束した。そうしてすっきりした気持ちで開店の日を待った。六百七十八坪の売り場に開架式書架を置いて六十万冊の本を並べられるようにした。

### ◉ソウルの一等地を本の天国に

一九八一年六月一日、教保文庫がオープンすると社屋竣工式と開業記念イベントに出席した人々は驚きを隠せなかった。鍾路二街にあった鍾路書籍や良友堂が大型書店だと思っていた人々は、広く現代的な書店を見て感嘆し、賛辞を惜しまなかった。皆は書架を巡りながら本を選び、鏞虎に近づいてこんな書店を造ってくれてありがとうと感謝した。

「森に行けば爽やかな木の香りに酔うように、教保文庫に入れば爽やかな本の香りに酔い、一度来た人はみんな本を愛するようになるでしょうね」

鏞虎と親しい年輩の作家がそう感想を述べた。

「こんなにゆったりとのびのびした雰囲気なら、青少年がたくさん出入りして、本を買ったり友達に会ったりする場所になりますね」

文教政策を担当する公務員は、弾んだ声で賛辞を送った。

「学術書や専門書が読者と出合える広い空間ができて、勇気が湧きます。いい本をたくさん出版しますよ」

出版社の社長が言った。

鄭鎮粛社長と一緒に書店を回った李秉喆会長が、鏞虎の手を握って言った。

「ほんとうに立派なことをなさいました。外国の本屋で本を買うたび、韓国も先進国になるにはちゃんとした大型書店が必要だと思っていたら、慎会長に先を越されてしまいました。ほんとうに素晴らしい書店です。外国の大型書店より優れている点もたくさんあります。これから若い人たちがいっぱい集まるでしょう」

すると横にいた鄭鎮粛社長も、「教保文庫のオープンは、慎会長だけではなく韓国出版界にとっての慶事です」と喜びを表現した。

教保文庫はすぐに世宗路の名所となり、特に青少年に愛されて待ち合わせ場所に使われるようになった。それは知的欲求を刺激し、満たしてくれる、知識と文化の広場だった。オープンしてからも、鏞虎は暇さえあれば教保文庫に下りていって売り場を回って楽しんだ。開店二カ月後の夏休みには学生たちが押し寄せた。毎日のように売り場を回っていた鏞虎は、五つの指針を売り場の職員に示した。

一、すべての顧客に親切に接し、子供にも敬語を使うこと。
二、一カ所で長く立ち読みしても決して制止しないこと。
三、本をあれこれ見るだけで買わなくても、にらんだりしないこと。
四、座ってノートに書き写していても制止しないこと。
五、たまに万引きされても泥棒扱いせず、人目につかない所に案内して優しく言い聞かせること。

五つの指針は、本が汚れたりなくなったりしても必ず守れと言った。おかげで職員はたいへんだったけれど、客にとって教保文庫は完全な開放型書店であり、本の天国だった。

外国書籍コーナーも機能し始めた。学術書と科学技術書を輸入し、大学や研究所、企業の研究活動に役立ててもらうために設けた外国書籍コーナーは、李道先社長が担当職員と共に直接アメリカやヨーロッパの有名出版社を訪れて購入した本を並べた。

こうして開店当初から韓国の学問と科学技術の発展に役立つ本を仕入れ、図書目録を大学や研究機関に配布した。それで教保文庫外書部はすぐに広く知られるようになり、図書購入や注文が殺到したけれど、赤字運営はかなり続いた。教保文庫は彼が願っていたとおり青少年に知識を売る安息場所となり、教養や学問の元になる本のデパートとしての地位を固めながら成長した。二年経つと損益分岐点を超えたから、懐疑的だった経営陣も鏞虎の先見の明に降参した。黒字になり始めた時、鏞虎はこの成果だけは他のことに使わず、貯めておくことにした。出版界の発展に合わせて教保文庫を拡張し、教保文庫が推進する読書人口の底辺拡大に使うべきだと思った。

予測どおり、最初はゆとりのあった売り場が、三、四年後には足りなくなり始めた。新刊書が増え訪問客が増え続けたからだ。毎年拡張して開業八年目の一九八八年には売り場面積が倍になったが、少しずつ広げたので見た目に良くない点もたくさんあった。それで鏞虎は売り場全体を全面的に改修してデザインし直す計画を立てるよう指示した。教保文庫が作成した計画書によると、ちゃんと改修するにはいったんすべての本を出版社に返品し、最低限八カ月間は休業しなければならず、予算もそれまで稼いだ利益の全額を投じなければならなかった。

計画書を巡って意見が分かれた。工事は八カ月と言うが、一年かかるかもしれない。そんなに長い間店を閉めたら顧客に迷惑をかけるだけでなく、今後の営業にも悪影響を及ぼすかもしれないというのだ。書店業務に慣れた多くの職員を解雇して再び採用するわけにもいかず、かといって仕事もないのに一年間月給を出すこともできないから、部分的に作業をしていこうという意見と、すべてを受け入れて全面的な補修をしようという意見が対立した。

鏞虎は両方の意見に耳を傾け、一年後に第二の創業をするつもりで、完全にデザインを一新しようと言った。職員は一人も解雇せずに研修を受けさせればよい、必要な人は海外研修をさせる機会だ、教保文庫の売り場の長所を知っている顧客なら一年ぐらい我慢してくれると豪語した。

結局、一九九一年六月から翌年五月まで、一年間閉店して全面的な改修作業をした。工事を終えた教保文庫は完全に生まれ変わっていた。売り場面積は千六百九十二坪で、百七十八万冊を陳列することができた。最初の開店当時に比べれば三倍だ。第二の誕生で経済力が高まった教保文庫は、売り上げも格段に向上した。年間販売部数が七百八十二万冊で、一日平均二万一千七百冊が販売され、訪問者は年間一千五百万人、一日平均四万五千人に達した。

そして鏞虎は、約束どおり読書人口底辺拡大のための読書運動を多角的に展開するよう激励した。まず読書人口を十倍に増やす運動を始め、有名作家や著者を招いて毎月全国の中学校や高校で〈名士文学講座〉を開き、各種の読書シンポジウムや〈著者との対話〉というイベントを開くなど〈本を愛する運動〉を続けた。

一九九四年からは親会社である教保生命と連携して〈一千万人読書人口底辺拡大運動〉を始めた。

この運動のために図書情報誌『地球村書籍情報』を刊行した。毎月出版される単行本のうち良書四百種を選んで内容紹介や書評を載せて読者が本を選ぶ参考にできるよう、毎月二万部を印刷して無料配布した。教保生命の保険設計士が情報誌の配布先を探し、郵送料は教保文庫が負担した。この運動は韓国の読書運動の新たなページを開いた。それ以外にも多額の費用をかけて各種の図書展示会を開いた。

こうして読書運動の地平を開いた鏞虎は、地方の社屋にも地域店を開設した。ソウルと同様、地方の書店に反対されたものの時間をかけて説得し、教保文庫を地域の文化空間にした。

教保文庫は独学をしていた頃、下宿生に借りた本で世の中に目を開き、人生を設計した鏞虎の長年の夢が詰まった空間だ。かつての自分のように夢を持つ青少年が本を通して立派な人物になり、国と人類に貢献してくれることを念願するメッセージでもある。

# 第七部

## 建築に夢と希望を

## ◉社屋は企業イメージを創る

一九七一年初めに保険業界で初めて保有契約一千億ウォンを突破し、第二の創社運動をしていた頃、鏞虎は社屋の建設を推進し始めた。彼の考える社屋は単純なビルではなかった。安定した業務空間の確保を目的とする一般企業の社屋とは違い、国民教育を志向する企業にふさわしく、韓国人の夢と希望を実現する空間でなければならない。

顧客が預けた保険料を運用するのは保険会社の重要な業務であるから、資産運用の多角化はもちろんのこと、専門家が経済状況に関する正確な予測を基にして投資や管理をする。鏞虎は社屋によって顧客に安定したイメージを与えたかった。丈夫で安定感のある建物の威容を通じて、安心して財産を預けられる会社であることを強調すべきだと思った。社屋だけではなくこれから会社が所有する建物は、長期的で付加価値が高く効率的な資産運用の成果を表現すべきだ。社屋は企業イメージを創り、職員に誇りを持たせるなどの象徴的な意味を持つと考えていた。

青年時代に東洋や西洋の建築物を見て、その美しさや雄大さに衝撃を受けた鏞虎は、建築に大きな関心を持っていた。彼にとって建築物は単純な空間ではなく実用芸術だ。文学や音楽のような純粋芸術が精神を覚醒させるとするなら、建築物は鑑賞しながら使用する総合芸術作品だと思っていた。そして社屋には自分の哲学や大韓教育保険の経営理念を表現すべきだ。それは、誠実さに起因する単純さと実用性だ。

基本的構想ができると、鏞虎は暇があるたびに外国の主要都市を回って自分が望む機能や感覚を備えた建物を頭の中に描き始めた。また、場所をどこにするか悩んだ。開業時に約束したソウルの一等地は、どう考えても、光化門のある世宗路の東側だ。そう思ったのには理由があった。

まず、世宗路交差点の東側には高宗《コジョン》皇帝の時代に建てられた道路元標がある。道路元標は東西南北に延びるすべての道路の起点であり、ここから距離が測定される。したがって世宗路は国土の地理的中心地であり、朝鮮半島の精気が集まる所だ。それに、世宗路から光化門に至る通りには朝鮮王朝五百年の間、政治の中心であった六曹（六つの中央官庁）があった。王宮を挟んで左右に六曹があったのだが、光化門の東側の最初の役所が議政府（最高政策決定機関）であり、その南には吏曹（現在の内務部に相当）、その隣に漢城府（ソウル市庁）と戸曹（財務部）があった。西は礼曹（教育部、外務部）と司憲府（監査院）があった。そして世宗路は、商業の中心であった六矣廛が始まる鍾路通りに接していた。

鏞虎は光化門一帯を何度も歩いて歴史と先祖の息吹を感じながら会社のイメージに合う場所を探した。ある時、戸曹のあった世宗路の東側でふと足を止めた。朝鮮戦争で人民軍に奪われたソウルを国軍が取り戻した頃、そこには戸曹の伝統を受け継いでしばらく財務部が置かれていた。ここに一時、耆老所があったことも気にかかった。王や正二品以上の元・文官で七十歳以上になった国の元老を礼遇するための機関で、出入りが許されることは家門の栄光だった。耆老所の元老たちは霊寿閣と命名された建物で国事について意見を述べた。余生は国が世話をしたから、元老たちの知恵を活用するための理想的な保険制度だ。

地籍図を広げ、世宗路の東側である鍾路一街を中心に、約三千坪を社屋の敷地と決めた鏞虎は、正直で粘り強い社員を数名選んだ。財務部が出ていった後にできた専売庁などの公共機関が所有する土地が数十筆あったが、私有地が百数筆で、地主だけでも百数名いたからだ。地主たちを説得して円満に土地を購入するには、人当たりが良くて芯の強い者が適任だ。土地購入に着手するに当たって、担当の社員を招集した。

「どんな困難があってもここに社屋の敷地を確保して下さい。高すぎてもいけないけれど、安く買いたたいてはなりません。中には、いい土地だから粘ったら価格が上がると思って途方もない金額をふっかけてくる人もいるはずです。しかしそんな人たちと感情的な対立をすることは絶対に避けて下さい。大きな夢を持って建てる社屋に、人の怨みがこもってはなりません。最後まで誠意を持って説得することを心がけて下さい」

もちろん、難しいとは思っていた。所有者たちの中には、欲を出す人も少なくないだろう。それで土地購入期間は長く見積もったが、予想どおり難航した。公共機関の敷地は簡単に妥結したものの、個人の所有者は時価よりずっと高い金額を要求してごねた。職員の努力は実に涙ぐましいものだった。建物の所有者を十回、二十回と訪問して説得を重ねた。時価より高い価格を提示しても、彼らはもっと欲張った。鏞虎は自分でも何度も説得に出かけ、会社の職員たちが見ている前で膝をついて頼んだこともあった。そんな時、職員は自分たちがやるから帰って下さいと言ったけれど、気弱な姿を見せれば職員の士気が下がりそうで、ぐっと我慢した。

会社は飛躍的な成長をしていたものの、社屋建築のための土地購入に関しては憂鬱な日々の連続だった。我慢強い鏞虎も眠れない夜が続いた。そんな時、嬉しい出来事が起こった。長男昌宰《チャンジェ》がソウル大学医学部に合格したのだ。自分は普通学校に入ることすらできなかったから、名門大学に入った息子が誇らしかった。鏞虎は昌宰の入学式の日、いつもより早く帰宅して息子とじっくり語り合った。

「医学の道は険しいぞ。人間の命を預かる仕事が、簡単なはずがない」

「……」

大学生になったばかりの昌宰は、父の言葉に背筋を正した。

「お父さんは西洋医学も東洋医学もわからないけれど、本で世祖（朝鮮王朝第七代の王）が医者を八つに分類したという話を読んだことがある。心医、食医、薬医以外はすべてヤブ医者だそうだ。良い医者になるのはそれほど大変なのだから、学業に精進しなさい」

「わかりました」

世祖は患者の気持ちを推しはかって心の病気まで治療する心医、食べ物で病気を治す食医、薬で病気を治す薬医を除く、昏医、狂医、妄医、詐医、殺医は患者をろくに診ないで治療どころか病気を悪化させ、なかった病気までつくる悪医だと『医薬論』で皮肉っていた。鏞虎は人の身体は小宇宙だという東洋医学の哲学に共感しており、小宇宙である人間の心身を研究する医学は、宇宙や世の中の秩序を明らかにする学問だと思っていた。それで息子が医学を通じて世の秩序を深く理解し洞察する大人物になることを願った。

立派に成長した息子の姿に慰められた鏞虎は、再び職員に土地購入を激励した。建物所有者の多くは彼らの誠実な態度と合理的な価格に同意したものの、一部の地主は四、五年間説得しても頑として聞かなかった。そんな時、ソウル特別市がこの地域を都市再開発事業地区に指定した。再開発地区に指定されれば、所有者が不当な価格を要求して再開発を妨げる建物は、法によって強制的に購入することができる。だが怨みを買ってはならないと思った鏞虎は、合理的に解決する努力を続けた。最後まで粘った所有者を説得するために、数年にわたって何百回も訪問した。解決までに七年の歳月が必要だった。

土地購入が壁にぶつかると、鏞虎は頭を冷やすために南山に登った。月出山とは比べられないけれど、南山に登ると夜行列車で初めてソウルに来た頃に戻って若さの覇気を取り戻すことができた。暗闇に包まれたソウルは動いていた。ネオンサインと自動車のライトが、さまざまな流れを描いていた。遠からず朝鮮半島の中心に夢と希望の空間を建てると思うと、地主たちの冷たい仕打ちにも耐えられる気がした。

しかし地主たちの欲は簡単に収まらなかった。鏞虎は南山にある洪貴達《ホングィダル》の家に行った。燕山君《ヨンサングン》（朝鮮王朝第十代王）の時代に判書を務めた洪貴達の家は南山の儒者村にあった。虚白堂と名づけられたその家は九万九千九百九十九間《けん》の豪邸だという噂が全国に広まったが、実際には部屋が一つしかない陋屋だった。不正腐敗を容認しなかった志操のある儒者の家が、そんなに大きいはずがない。

洪貴達と同じく、誠実と正直は鏞虎の人生哲学であり、無一文から事業を興した彼の成功の原動力だった。だから虚礼虚飾とぜいたくを嫌った。そんな鏞虎がソウルの一等地に最も立派な社屋を建てようと誓い、実行したのは、大韓教育保険の顧客であり主人である韓国の人たちに夢と希望の空間を提供したかったからだ。洪貴達の陋屋こそは儒者精神の象徴だ。鏞虎は大韓教育保険の立派な社屋を、二十一世紀の教育文化の揺籃にしようと決心した。

土地の購入が終わる頃、鏞虎は政府の高位当局者から、会いたいという伝言を受けた。社屋を建てる間、政府の理解が必要なことがいろいろあったので、喜んで応じた。

「慎会長！　土地購入もほぼ済んだようですね」

「もうすぐ終わりそうです」

「今日は、会長に素敵なプレゼントを差し上げようと思ってお招きしたんですよ」

「プレゼントですか」

何のことだか、見当もつかない。

「ご存じのとおり、輸出百億ドル時代になり、外国のバイヤーがわが国にたくさん来るようになりました」

「そうでしょうね」

「しかし、いろいろ問題がありまして。彼らが安心して泊まれるホテルが足りないんです」

高位当局者は、ソウルの都心には植民地時代から存続している朝鮮ホテルや半島ホテルしかないので需要に追いつかないだけでなく、国際会議のような行事をする設備もないと言った。

「ウォーカーヒルホテルは現代的な施設がありますが、都心から遠いのが難点です」

「言われてみれば、そんな問題がありそうですね」

「時間に追われるバイヤーたちが仕事をしやすいよう、政府庁舎の近くに現代式高級ホテルを建てれば政府の輸出増大政策に協力することにもなり、利益にもなる事業じゃありませんか」

「……」

意図を理解した鏞虎は、言葉を失った。

「会長、ホテル建設を許可して、いろいろお手伝いしますから、社屋は後回しにしてホテルを建てていただけませんか」

彼は、建設資金がなければ融資を受けられるよう政府が助けると豪語した。しかし鏞虎の気持ちは揺らがなかった。もちろんホテルを建てれば金儲けにはなるだろう。しかし、いくら儲かるといっても、国民教育を創立理念とする大韓教育保険がホテル業に参入するのは望ましいことではない。

「お言葉はありがたいのですが……ホテル業はわが社の企業イメージや志向するものと合わないようです」

鏞虎が丁重に断っても彼は、輸出だけが国の生きる道だと大統領が先頭に立って総力を傾けているのだから、中央庁近くに先進国レベルの立派なホテルを建てるべきだと言い張った。

鏞虎も負けてはいられなかった。金のことだけを考えるなら、ホテルを建ててもいい。しかし世宗路に社屋を建てるのは、大韓教育保険株式会社の夢を象徴する塔を建てることであり、百年の大計のための場所を準備することだ。何と言って断るべきか考えあぐねていた鏞虎の脳裏に、あることわざが浮かんだ。

「昔から、やってはいけないことを『役所の門前に酒幕（宿を兼ねた居酒屋）を造る』と言うではありませんか。国家の政事を司る中央庁の門前に宿泊施設を建てるのは、国の体面に傷をつけることになります。そうと知っていながら、金儲けのためにホテルを建てろとおっしゃるのですか」

鏞虎は、大統領官邸に近く、ソウルの主要官庁が集まっている所にホテルを造るのは国の体面上良くない、外国人向けの高級ホテルはウォーカーヒルのように景色が良く静かな場所が良いと主張した。ホテルの建設許可が得られ、資金まで融資してもらえるなら積極的に応じるだろうと思っていた役人は、その言葉に屈してしまった。それでもタコ足のように企業体を増やす財閥の生理を知っている彼は、よく理解できないようだった。

鏞虎は、ホテルを造らない代わりに大韓民国の一等地にふさわしいビルを建て、完成したら単独で大使館の建物を持てないでいる小さな国の外交官が大使館の事務所として使えるようにすると約束した。バイヤーの代わりに各国大使や領事たちに対韓外交の場を提供するというのだ。この時の約束はそのまま実行され、ビルが完成すると一九八〇年代に国交を樹立した世界各国の大使館が入居し、教保生命ビルは大使館村になった。

土地購入が終わり、ホテルを建てろという政府の勧めも断った鏞虎は、高層建築設計の世界的権威であるシーザー・ペリーに基本設計を任せることにした。ペリーはロサンゼルスでグルーエン設計事務所所長を務めた後、エール大学建築学部学部長に招聘された建築家で、ニューヨークの八十階、九十階のビルを十四棟も設計している。ペリーを招聘して設計契約を結んだ鏞虎は、彼と共に日本に行き、前から目をつけていたビルを一つ一つ一緒に訪れて観察した。そして自分の好きな特徴や、良くないと思う点を説明して頼んだ。

「私が指摘したことを覚えておいて、設計に反映していただきたいのです」

ペリーは何度もソウルに来て現場を歩き、鏞虎の意見を聞いて設計に反映した。最先端の建築技法に鏞虎の哲学を盛り込んだ設計が完成した。教保生命ビルが竣工した時、ペリーが「私が設計したことになっているけれど、実際は会長が言うとおりにしただけですよ」と言ったほど、鏞虎の意見が色濃く反映されていた。自分が考え研究し、正しいと判断したことを合理的に説得して貫く鏞虎の個性が、世界的な建築学者を動かしたのだ。基本設計が完成すると、実施設計は厳李《オムイ》建築事務所に頼み、大宇《テウ》開発株式会社を施行会社に選んだ。そして一九七七年十月二十一日に起工式を行って工事を始めた。

紆余曲折の末、光化門本社社屋を予定通り完成してからは、精力的に地方の社屋を建設した。一九八四年十一月に完成した仁川の社屋を筆頭に、一九八八年まで大田、蔚山《ウルサン》、釜山など十二の社屋を建てた。地方の社屋は規模の差はあっても五階建ての木浦と清州《チョンジュ》を除けば、すべて七階から十階建てだった。地方社屋を計画する時、鏞虎は本社社屋と同じ形にして社屋のイメージを統一するため、形だけでなく基本構造や素材、色まで揃えて一目で大韓教育保険ビルだとわかるように設計させた。

「建物は建てた人の品格と人格を語る。高価な材料を使って豪華さを強調した建物を見ると、人は成金を連想する。過度に権威的で堅苦しい印象を与える建築にはそっぽを向く。しかし自然親和的で安定感のある建物を見ると気持ちが穏やかになり、親近感が湧く」

鏞虎はこの言葉を建築美学として本社の社屋を造り、地方の社屋も本社の縮小型にした。また、内外の空間にゆとりを持たせ、必ず木を植えて美しい景観を演出することも忘れなかった。こうして本社社屋を模して建てた初期の地方社屋は会社の信頼性を高め、内部的には組織の一体感と団結力を高める効果を上げた。だが一九九〇年代以後は、時代の変化と建築文化の発展に合わせて地方社屋をさまざまな形にした。代表的なものが江南の教保タワーだ。

## ◉哲学と芸術を融合させた江南《カンナム》教保タワー

光化門の教保生命ビルを始め十以上の地方社屋の建築について設計から竣工まで陣頭指揮を執った鏞虎は、いつしか建築専門家になっていた。昔からの習慣で、身体でぶつかって学んでいるうちに建築物を見る目が養われ、工事現場でさまざまな問題を経験したので現場の実務にも詳しくなった。

この頃鏞虎は野心に満ちた構想を始め、経済成長と都市の膨張でソウルの生活圏が江南《カンナム》と江北《カンブク》の二つに再編成されるようすを注意深く観察した。一九八〇年代に入って開発された江南は、伝統と現代が調和した江北とは違ってニュータウンらしく洗練されており、開放的な雰囲気を漂わせていた。鏞虎は江南に教育保険を象徴する芸術的な構造物を建てれば、未来志向の会社のチャレンジ精神を具現できると思った。一九八八年に創立三十周年を迎えた時、彼は江南に大韓教育保険のイメージを表現できる芸術的な建築物を建てるという構想を明らかにして理事会の承認を得た。

いくつかの候補地のうち、江南と江北を結ぶ中心軸である江南大路のにぎやかな所を選んだ。鏞虎は土地の購入を始め、設計を準備した。今度はヨーロッパの建築家に頼むことにした。機能を重視するアメリカ式建築が立ち並んだ江南の通りに、クラシックな芸術性がにじむヨーロッパ式の建物を建ててみたかったのだ。彼は建築関連書籍を見て候補者の業績を比較検討し、マリオ・ボッタを選んだ。スイス出身のボッタはミラノ芸術大学などで教鞭を執りながら建築設計と建築デザインをしていた。サンフランシスコ現代美術館やイタリアのトレント・ロヴェレート近現代美術館、東京のワタリウム美術館などを手がけた、世界で十本の指に数えられる建築家だ。鏞虎は東京やサンフランシスコでボッタが設計しデザインした美術館を訪れて気に入っていたことを思い出し、ボッタを招聘するよう指示した。だがそれは容易ではなかった。

「三度も招いたのに、忙しいと断られました」

職員の報告を聞いた鏞虎が言った。

「一度や二度招かれて飛んでくるようでは、世界的な建築家ではない。特に、一人当たりGNIがたった五千ドルの国に、自分の芸術を理解する人間がいるとは思わないのだろう。だが至誠天に通ずという言葉がある。続けて努力してみなさい」

結局、ボッタをソウルに招くことに成功した。

「発展するソウルの江南の真ん中に新しいシンボルを造りたくてお招きしました」

単なるビルを建てるのではなく、新しいシンボルという言葉にボッタの気持ちが動いた。鏞虎は続けた。

「複雑な都市の中で、人々の共通の思い出になるような建物を造りたいのです。江南の中心の交差路は車が多いだけでなく、人の喜びや苦しみが合流する所だから、そこに人間の喜びと苦痛を包み込む構造物を建てたいと思いました。ソウルで最も印象的で頑丈で芸術的な建物を、欲を言えばニューヨークのエンパイアビルのように、コリアといえば思い出されるようなシンボルを建てたいのです。どうか助けて下さい」

鏞虎は韓国の伝統的建築美を味わえる名所にボッタを案内し、自分の建築哲学を説明した。教育保険が実践している生命と命の尊厳を追求する精神を込める建築を建てたい、建築は文化であり歴史だから品格を備えた大きな空間を創造しなければならない、周辺にある似たり寄ったりの建物とは違う芸術的なビルを建てたいことなど、話は尽きなかった。ボッタは鏞虎に対して信頼と尊敬の念を持つようになった。

「私に任せて下さい」

数日すると、ボッタは仕事を引き受けるという意志表示をした。ようやく承諾を得たものの、いくら世界的な建築家でも、すべてをその設計どおりにすることはできない。契約前に、はっきりしておくべきだと鏽虎は思った。

「私は何事につけ、完璧を追求する人間です。設計を修正してくれと言えば、何度でも修正すると約束していただきたい」

意外なことに、ボッタは異議を唱えなかった。

「建築家は合理的な意見であれば、建築主の意見を作品に反映させるべきだと思っています。それに、建築に対する会長の哲学と愛情に共感しています」

鏽虎も、自分よりかなり年下の若い建築家が気に入っていた。

ボッタが最初のドローイングを始めたのは一九八九年で、一年後に最初の設計図ができた。地下八階、地上二十五階の設計図を検討した鏽虎は、ボッタを呼んで修正すべき点を指摘した。それを何度も繰り返した。地面の掘削はほとんど終わっているのに設計図ができないので、現場は毎日せかしてきたが、鏽虎は微動だにしなかった。十回以上も設計図を直し、六、七年過ぎると、社内でも憂慮する声が出た。それでも鏽虎は言った。

「十回だろうが二十回だろうが、関係ありません。いいアイデアが次々と湧いてくるのに、それを捨てるわけにはいかないでしょう。西洋では数百年かけて建てた教会もあります。建物は一度建てたら直せません。立派な芸術品を造るために、念には念を入れなければ」

鏞虎は泰然としていた。ボッタが設計を直すのに疲れて投げ出してしまったら困ると心配する役員に、ボッタが言った。

「会長の指摘はすべて合理的なものです。だから私もせっせと修正しているのですよ」

鏞虎は申し訳ないと思いながらも、やはり世界的な建築家は違う、どの分野でも最高の境地に達した人は凡人には理解しがたい人格と誠実さを備えていると思った。最初のドローイングを始めてから十年後、十七回目の設計図を受け取った鏞虎は、ついに満足してOKサインを出した。二人の完璧主義者の合作が完成したのだ。

設計図が完成してブリーフィングを受けた役員の間から、意見が出された。設計図ではツインタワーの間の空間が透明なガラスの橋でつながれているが、この間を埋めて事務室にすれば実用的だろうという。鏞虎は、それこそがこのビルの見どころだと強調した。

「空間を埋めれば教保タワーは単に重々しいだけの建物になってしまいます。透明なガラスの空間を通して、都市のエネルギーや太陽光を建物の中に採り入れるように設計されているのですよ。レンガのタワーがガラスの橋を保護しているように見えるのは、人間の肉体がその中にある心臓を守っていることを象徴しており、ガラスの橋は窓の役割を果たしています。この心臓を通して都市のエネルギーと日光が入り、人の血が全身に流れるように建物の中を満たしていくと考えれば理解できるはずです」

実用的な利用価値だけを考えるなら、とうてい思いつかない設計だ。こうした哲学的意味と芸術的想像力を建物に込めるために十年間、何度も設計を修正したのだ。

設計図が確定すると、江南教保タワーと名づけられた建物の建築作業ははかどった。その間も鏞虎は、細部にまでこだわり続けた。畢生の事業だと思っていたから、レンガも自分で選んだ。気に入るまで何度も焼き直させて古びた色を出した赤レンガをボッタに送って同意を求めた。レンガは土と火と太陽の産物だ。このレンガを使えば、レトロな美しさを醸し出すだろう。

こうして自らの哲学と情熱と真心を注いだ江南教保タワーが完成段階に入ると、鏞虎は建物の内外に設置する美術品の選択と配置までボッタに依頼した。建物と調和し、建物の芸術的イメージを強調する作品を選ぶためだ。自分の設計した建築物の芸術デザインを引き受けたボッタは、国内の主要ギャラリーと専門業者から寄せられた百点以上の作品提案書の中からユ・グンサンとホン・スンへの作品を選んだ。教保タワー正門の外に建てられたユ・グンサンの〈コリアファンタジー〉は百四十八本の円柱を建てて作られた作品で、鉄骨コンクリートに七十色のガラスをモザイクのように貼った、ガウディ風の彫刻だ。

地下一、二階には本店より売り場面積の広い、国内最大最高の教保文庫江南店をオープンさせた。教保の社屋はどこでも書店を造って読書を奨励するという鏞虎の執念が、ここでも花を咲かせた。教保文庫江南店は売り場面積がサッカー場二つ分あった。膨大な量の新刊書を陳列した書架は探しやすいよう分野別に並べ、書店を利用するのに慣れていない顧客のためにブックマスター専門相談室を開設して、サービスに万全を期した。

地下一階中央に設置したベストセラー展示館は画廊のようにすっきりとした雰囲気を演出し、ジャンル別のベストセラーをゆったりと見られるようにした。地下二階には韓国の書店で初めて、子供たちが本に親しめる子供庭園を造った。子供たちが安全に座って本を読みながら遊べる空間で、両親が安心して子供を置いて本を見に行けるようにした。若い主婦のためのアイデアだ。

二〇〇三年五月、十数年かけた江南教保タワーが竣工し、教保文庫江南店がオープンした。しかし鏞虎は、体調が悪くて長くはいられなかった。一人で見て回り、帰りにレトロで繊細な教保タワーを眺めながら、自分が最後に送った人間愛のメッセージが、訪れる人たちにずっと温かく伝えられることを願った。

## ◉心の根本を磨く啓性院《ケソンウォン》

一九七八年十月、稲穂が実った天安《チョナン》市《シ》留《ユ》糧洞《リャンドン》の田舎道に車を止めた鏞虎は、秋の午後の熱い日光が照らす太祖山《テジョサン》を眺めながら、同行した幹部たちに言った。

「見れば見るほどいい山です。遠くから見た形もしなやかで、城砦のようにどっしりしている。あの二つの稜線が出会う、日当たりが良くて温かい所に研修所があればいいと思いませんか」

高い青空の下で太祖山の優しい稜線が絵のようにくっきりしていた。幹部社員と共に山を眺めながら場所はもう決まったと思うと、気が軽くなった。鏞虎は一年間、研修所の土地を選ぶために各地を歩いた。山に登って候補地を眺めていて毒蛇に噛まれそうになったこともある。

白頭山《ペクトゥサン》から伸びた車嶺《チャリョン》山脈の精気がこもった太祖山は天安の鎮山だ。名前は高麗の太祖がここで軍師を育てたことに由来する。この太祖山の左青龍と右白虎に囲まれた所に啓性院《ケソンウォン》がある。〈保険の士官学校〉とあだ名される、教保生命の研修所だ。

創業初期から鏞虎は、人材養成が会社発展の動力だと考えて社員教育に励んだ。保険業は製造業とは違ってライフスタイルを設計する仕事だから保険設計士たちの知識が経済力に直結する。それで社員教育に人一倍の情熱を注いだ結果、教保生命は保険人養成所と評されるまでになったけれど、惜しいことにちゃんとした研修施設がなく、大人数に総合的な研修をする時は外部の研修施設を借りていた。

一九七〇年代後半、保有契約一兆ウォン時代に入って会社が飛躍的に成長すると、鏞虎は既存の研修所の概念を超越した、ユニークな施設を夢見た。二十一世紀の保有契約百兆ウォン、二百兆ウォン時代をリードする人材養成の場が必要だ。研修だけでなく、社員の休息や精神修養の道場としても使える先端機能を備えた施設をつくろうと思い始めた。鏞虎は研修所を啓性院と名づけ、その理由をこう説明した。

「人材開発と育成の基本は、知・情・意で構成された心というプログラムを、自分で管理できるようにしてやることにあります。なのに、現実は一定分量の知識を伝達し、それを実践しろと要求するだけで、心を管理するための教育はできていないのです。これでは、ちゃんとした教育とは言えません。

未来のための教育は、知識だけでなく心というプログラムを管理することによって自主的な学習能力を身に着けられるよう助けることであり、知的成就を通じて人生や事業を自ら切り開くための基盤を築かせることです。それが啓性的自己啓発です。〈啓〉は知恵と知能を開発して悟らせることであり、〈性〉は万物の持つ基本を意味します。〈啓性〉とは万物の理を自ら悟って会得し、心の根本を新たにすることです」

在米建築家キム・テスが基本設計をし、国内の総合建築事務所〈シムウォン〉が実施設計した啓性院は、場所を決めた十年後の一九八七年五月に竣工した。約二万坪の土地に地上七階地下四階、総九千五百八十八坪の研修所の建物と、芝生のグラウンド、人口貯水池が威容を現した。環境に優しい建築物にするという鏞虎のこだわりで、啓性院は太祖山の稜線と調和したS字形に建てられた。さらに、一本の木も無駄に切ってはならないという指針のせいで工事は遅れた。そうして竣工した啓性院は、自然と建築物、人間が一つになる理想的な形態を備えていた。

保険業は売る人と顧客の縁ですべてが始まり、人材を管理することに終わる。だから鏞虎は、人材養成が会社の将来を左右すると思った。啓性院の完成は、体系的な人材発掘と人材教育の土台ができたことを意味していた。鏞虎は啓性院ができると、会社の未来を担う幹部を相手に特別講義をした。研修生だけでなく、講義をする彼も緊張と誇らしさで胸が高鳴った。鏞虎は〈ダチョウとハゲタカ〉というテーマで話した。

「指導者にはダチョウ型とハゲタカ型があります」

よく通る声で話し出すと、研修生たちの表情が引き締まった。韓国保険業界のパイオニアである鏞虎の言葉は、そのまま保険業のバイブルになる。

「ダチョウは地上で最も足の速い動物の一つです。だから実務に長けた人をダチョウと言うことができます。しかしダチョウは目の前に断崖絶壁があるのも知らずに突っ走るから、賢いとは言えません」

研修生は、簡潔で核心を突いたたとえに共感して聴いていた。

「それに比べ、ハゲタカは空高く飛んで世の中を眺めるから、行くべき道がはっきりわかります。実務には弱くても、遠く深く見る目を持っているのです」

彼が教保生命の巨大な組織を率いながら常に強調していたのは、ハゲタカ型指導者の重要性だ。

先祖たちは、わずかな行商人を除けば、代々一カ所に定住して暮らしてきたために、他人より抜きん出ていたり、他人がしないような目立った行動をしたりすることを嫌った。高い枝は風で折れやすい、出る杭は打てということわざは、農耕社会の知恵だ。鏞虎はこうした定住社会の行動様式に反旗を翻した。世界が一つになった競争社会では、他人より秀でて他人と違うことをしなければ生き残れないと思ったからだ。

講義を終えた鏞虎は、ふと、「私を育てたのは八割が風だ」という徐廷柱《ソジョンジュ》の詩を思い出した。鏞虎を育てたものは、読書と旅だった。本を通じて得た知識と真理を、旅で接した自然や人々で確認した。啓性院の左右にある入り口を研真門、創元門と名づけたのは、自分を磨き、創造的な人になれという、鏞虎が考える人材養成の要諦を表したものだ。

オープン直後の一九八七年七月七日、世界の保険会社代表と学者二百十九名、国内の保険会社の代表や幹部と学者約四百名を招いて国際保険会議ソウル総会が啓性院で開催された。ちょうど鏞虎が保険のノーベル賞と呼ばれる国際保険会議の世界保険大賞を受賞した後だったので、招待した人の九十六パーセントが出席する盛況となった。オープン間もない啓性院を訪れた各国の保険人は、口を揃えて「世界に誇れる研修所だ」と感嘆した。

その称賛を立証するように、アメリカのアラバマ大学は鏞虎を大学の研修所の設計顧問にした。一九八九年二月、啓性院はアメリカ建築家協会およびコネチカット州建築家協会によってその年のアメリカ国外の最優秀建築物に選定されて最優秀デザイン賞を受け、世界の建築家に知られるようになった。自分が深く関わった建物が国際的に認められたことで鏞虎は、一生懸命考え、学び、研究して努力すれば、専門家でなくても良い成果を得られると確信した。

# 第八部

# 公益事業への愛

## ◉暮らしの根幹、農村の近代化

履歴書の学歴欄に「学びながら働き、働きながら学んだ」と書いた鏞虎は、学校教育と同じぐらい社会教育が大事だという信念を持っていた。変化し続ける世の中で正しく生きるためには、ずっと学ばなければならない。これは人材養成を重んじ、人が財産だと考える経営哲学とも通ずるが、鏞虎は学歴ではなく〈学力〉を重視した。

「実践する学識を学力と言うのです。最近の若い人は学歴に執着していますが、学歴に頼っていると、社会生活で最も大切な人格の陶冶を忘れてしまいます」

職員たちに向かって、常に学力を養えと言っていた鏞虎は、小説家李文烈《イムンヨル》が大邱毎日新聞社に入社した時のエピソードを聞くと大笑いして、これからは学力を重視する社会になるだろうと言った。一九八〇年代初め、『人の息子』という小説で彗星のごとく文壇に登場した李文烈は、大邱毎日新聞社の面接で学歴について尋ねられた。家庭の事情で中学と高校は卒業できなかったものの卒業資格試験に合格してソウル大学国語教育科を中退した彼は、学歴はないが学力だけは人に負けないと答えて合格したという。

教保生命創立以後、国民教育振興と民族資本形成を実践してきた鏞虎は、創立三十周年を迎えると、公益事業を具体的に検討する時が来たと思った。朝鮮戦争休戦後の廃墟の中で教保生命を創業し三百万名近い学生に入学金と学資金を支給した。これを通して上級学校に進学した人材が、一九六〇年代後半から目覚ましい経済成長の主役として活躍していた。鏞虎自身は学校に通えなかったけれど、誰よりも韓国人の教育レベル向上に寄与したと言えよう。

創業当時のＧＮＰは一人当たりたった八十ドルだった。しかし一九九〇年の一人当たりＧＮＩは六千ドルを超え、やがて一万ドルになると予想されていたし、こうした経済成長は暮らしの質を追求する時代を開こうとしていた。鏞虎は、国が経済成長を遂げたのだから、これからは知識と教養と品格を備えた文化的な民族になるべきだと思った。そうしなければ、一人当たりＧＮＩ二、三万ドルの豊かな国になってもバランスの取れた文化生活はできず、幸福にはなれないからだ。伝統文化を守り育てながら新たな先進文化を受け入れて暮らしを豊かにする文化民族になってこそ、幸福な先進国だと信じるようになっていた。

そんな考えを実践に移すチャンスが巡ってきた。一九九〇年八月と十二月に、財務部は〈保険会社剰余金および資産再評価積立金処理指針〉と、〈保険社公益事業推進法案〉を作り、保険会社が公益事業に乗り出す道を開いた。この措置は、公益財団設立の財源準備を模索していた鏞虎の悩みを一挙に解消してくれた。前年度に実施した資産再評価で発生した差額が積み立てられていたのを、合法的な公益財団設立基金として使えるようになったからだ。鏞虎はすぐに資産再評価積立金のうち三百億ウォンを公益財団の基金として積み立て、財務部の承認を受けた。

基金を確保した後は、本格的に財団設立を検討し始めた。一年近くさまざまな角度から熟考を重ねて各界人士の意見を聞き、韓国の未来のために絶対に発展すべきなのにおろそかにされているのはどんな分野であるかを把握した。そして農村、文学、環境と教育分野の支援のための公益財団を設立することに決めた。他の大企業が〈文化〉という名で包括的な財団を設立するのとは違って、鏞虎はより具体的な事業方向を定めて公益財団設立準備に入った。漠然と設立してとりとめのない事業をしていては実効が上がらないだろうと思い、この三つの分野を集中的に支援することにした。

あわせて教保生命が設立する公益財団は単に利潤を社会に還元する運営形態になってはいけないと思った。企業イメージを目的にする公益財団の運営は、飢えた人に魚を与えるのと変わりはない。真の企業の社会奉仕と利潤の還元は、飢えた人に釣竿を買ってやり、魚の釣り方を教えることだ。方向が決まると、分野ごとに公益財団を設立することにした。

まず、農村文化財団を設立した。農村に生まれ、少年時代を苦労して過ごした鏞虎は、人一倍農村に愛情と関心を持っていた。農村は先祖の生活基盤であったし、農業は民族の生存を守ってくれた産業だ。農村が栄え農民が豊かにならなければ国も豊かになれないと思っていた。

農村は生活の根幹だ。人間はビルや先端機器がなくても生きられるが、食べなければ生きられない。それなのに韓国の農村は今も昔も時代から取り残されている。一九七一年に始まったセマウル運動によってずいぶん改善されたとはいえ、所得や文化のレベルは都市に比べてかなり劣っていたし、産業化の波に乗って若い人たちが都会に出てゆくので農村人口は減り続けていた。こうした農村がヨーロッパの先進国の農村のように所得を増やし、文化生活を享受できなければ、韓国は先進国になれない。根本的な対策は国家が立てるにしても、農村を愛する鏞虎としては豊かな農村づくりを少しでも助けたかった。

農村文化財団の設立を構想した後は農村を発展させ豊かにする基礎となるのは何かを考えるために、さまざまな人の意見を聞いた。中でも鏞虎の計画を喜び、積極的に意見を述べてくれたのは柳《リュ》泰永《テヨン》博士だった。柳博士は農業先進国デンマークで農学部を卒業しイスラエルのヒブリー大学で博士号を取った人で、先進農業国の事情をよく知っていた。草創期のセマウル運動を率いた学者であり、建国大学農学部学部長も務めていた。鏞虎は柳博士を招いて質問した。

「私が農村のためにできることは何でしょうか」

「幼稚な答えですが、お金があれば方法はいくらでもあります」

「先生なら、何をなさいますか」

「農業分野では新しい品種を開発する育種以外にも、栽培、飼育、家畜、圃場、流通などがありますが、わが国の事情からすると育種がいちばんいいと思います。私にお金があったら育種研究所をつくりますね」

「政府がやっている事業と重なったり、衝突したりせずにできることはありませんか」

事業をやっていて権力の横暴に何度も悩まされていたので、公益財団だけは政府の牽制や干渉を受けずに、純粋な設立趣旨を維持したかった。

「先生、政府に干渉されずに農村を発展させるいいアイデアを出して下さい」

柳博士が出ていった後、鏞虎はどうすれば計画している三つの分野の公益財団が外部の干渉を受けずに運営できるだろうかと考えた。

解放直後、自由党政権の奸計によって韓国製鉄を閉業してあっと言う間に財産を失い、社屋を建てる時も建物を切り取れという非道な圧力を受けたことのある彼は、一九八〇年代にもそうした圧力を経験した。

一九八〇年五月十八日に光州民主抗争が起こると、鏞虎は企業家としてだけではなく、光州に近い霊岩の出身なので、罪のない市民が犠牲になることを心配し、一日も早く事態が収拾されることを待った。一寸先を予測できない政局によって会社も風波にさらされ、鏞虎は大韓教育保険の船長として荒波に悪戦苦闘していた。李承晩大統領の不正選挙をきっかけに四月革命が起こり、さらに朴正熙の軍事クーデターが続いて混乱した一九六〇年代の危機的な状況と似ていた。営業の損失だけでなく、光州を始めとする全羅南道全域で活動している職員たちが心配で夜も寝られなかった。連日非常会議を主催して状況を見ていた鏞虎は、光州支社が何とか業務を開始した六月初めにようやく安堵のため息をついた。しかし政変はまだ続いていた。

六月末、大韓教育保険の朴盛福《バクソンボク》社長が新軍部の保安司令部幹部に呼び出された。公開採用で社長に抜擢された朴社長はまだ四十代の若さで、肝の据わった人物だ。

「社長、マスコミの統廃合に協力して下さい」

「うちは保険会社なのに……マスコミの統廃合とは関係ないでしょう」

「単刀直入に申し上げましょう。大韓教育保険が所有しているＭＢＣ放送局の株式を国家に寄付して下さい」

「……」

朴社長は言葉を失った。ＭＢＣの株は個人の財産ではなく、会社の資産であり加入者の財産だ。私有財産と企業の経済活動が保証されている国で、国家が強圧的に財産を奪い取ることはできない。

「会社の資産を勝手に処分することはできません」

「マスコミ統廃合は政府の統治理念です。協力していただければ企業も助かり、国の発展にも役立ちます」

朴社長の報告を受けた鏞虎は、民主化されていない国で企業を経営することの難しさを実感した。

数カ月間新軍部に抵抗していた朴社長はついに、会社と加入者のために株を寄付しようと言った。

「会長！　これ以上粘っていたら、何をされるかわかりません。ＭＢＣの株を持っている現代建設やラッキークムソン（現、ＬＧ）、東亜、ミウォン（現、大象《テサン》）、ヘッテは、みんな寄付することにしたそうです。悔しいけれど、渡してしまいましょう。軍隊を動員して政権を取った人たちの要求を拒絶すれば、会社が潰されてしまうかもしれません」

それは誇張ではなかった。実際、時の政権は産業合理化を理由に国際グループを解体したり、自分たちが気に入らない企業の所有権を他の人に移したり、強制的に合併させたりといったことを平気でやっていた。大韓教育保険はＭＢＣの株十万株（額面金額一億ウォン）を奪われてしまった。当時、大韓教育保険を始めとする七つの会社が所有していたＭＢＣの株は七十パーセントで、実質的価値は数千億ウォンに達した。

しかし卑劣な仕打ちは他にもあった。全斗煥《チョンドゥファン》政権が成立して間もなく、鏞虎の家に国家安全企画部（以下、安企部）の要員がやってきた。三清洞《サムチョンドン》の国務総理公館裏の高台にある彼の家は、快適で見晴らしが良かった。後ろには美しい北漢山《プッカンサン》が、前にはソウルの街が拡がっていて、月出山の麓を連想させた。彼らは寝室まで調べ、家を売れと要求した。

「この家が気に入っているので売る気はありません」

「安企部に必要なんです。国家の重要な機密事項を扱う安家《アンガ》（特殊情報機関が秘密維持のために使う一般家屋）にする計画だから、売ってもらわなければ」

「売る気はありません。他の所を当たって下さい」

男たちを何とか帰した鏞虎は、不吉な考えに取り憑かれた。憂慮していたとおり、翌日、会社に安企部要員が来て、彼が面会を拒否すると、役員たちを呼んで売買契約をしろと詰め寄った。白昼、強盗に襲われた気分だった。役員が脅迫されるのが気の毒で、結局家を売り渡した。権力に立ち向かえない事業家の立場を嘆くしかなかった。生涯、法と原則に従って生きてきた鏞虎としてはとうてい容認できないことだったが、会社を守るために犠牲となったのだ。

記憶から消したい悪夢がよみがえると、公益財団のことも心配になってきた。鏞虎は公益財団についての構想をメモした手帳を広げた。アイデアがぎっしり記された手帳を見て、ようやく悪夢を忘れることができた。何度も話し合って公益財団運営に対する鏞虎の考えを理解した柳博士は、新しいアイデアを出した。

「農村の所得向上のために研究者を発掘して研究費を出し、生活の質を向上させるために努力する人を探して表彰するといった事業がよろしいでしょう。農村所得増進と農村文化向上のために働く人を激励し、意欲を高めるのです。農民を選抜して農業先進国で研修を受けさせることも考えられるし、できることはいろいろあります」

話を聞いている間、鏞虎は柳博士の考えが自分と同じであることを知った。農村発展のために働く人たちの意欲を高め、農民を先進国に派遣して研修を受けさせるという考えには全的に共感した。柳博士の協力で設立作業を終え、一九九一年十月大山農村文化財団（現、大山農村財団）が正式に発足した。財団理事会が鏞虎の雅号である大山を財団の名につけようと決議した。まず五十億ウォンの基金を出し、すぐに五十億ウォンを追加して百億ウォンの基金にした。

鏞虎は大山農村財団の創業理念を先端農業の振興、農業構造改善、福祉農村建設と定め、農業関係研究支援事業、農村文化育成事業、農民教育事業、営農民育成のための奨学事業、大山農村文化賞の五つを主要事業とした。

農業関係研究支援事業は、産学共同研究課題と農村現場で実際に利用できる課題を選定して研究費を支援する。農業を学術研究と連携させて未来の農業発展の基礎を築くための事業だ。一九九二年から二〇〇三年まで十年間、四百八十一の研究課題に二十九億ウォンの研究費を支給し、研究成果は『大山論叢』に掲載して大学や農業関連研究所に配布した。

農村文化育成事業は毎年全国の農学専攻の教授たちのシンポジウム開催を支援し、関連学会や団体のセミナーはもちろん、純粋な農村文化育成を助ける行事を支援する事業で、毎年十以上のセミナーやシンポジウムを支援している。

農民教育事業は農民に海外農業研修と国内の模範農業研修の機会を提供する事業だ。二〇〇三年まで七千人以上の農民に先進農業技術を習得させた。一九九二年、農民たちが日本やオランダなど花卉栽培先進国を回って農業技術を体験することで始まったこの事業は、毎年続いている。一九九七年には百三十人もの農民がイスラエルで新しい技術や農産物の流通方法などを学んだ。

営農民育成のための奨学事業では、二〇〇三年まで大学生二百九十五名に二十一億ウォン以上の奨学金を支給した。奨学金を受けた大学生の半分以上は農業関連の研究所で働いたり、農業関連の公務員として勤務したりしている。

大山農村文化賞は先端農業技術振興、農業構造改善、農村教育および農村文化育成、功績ある農業公職者など四つの分野で個人と団体を選んで毎年授与する、国内農業分野で最も大きい賞で、韓国農業のノーベル章と呼ばれている。第一回受賞者である柳《ユ》達永《ダリョン》博士を始め、農村の未来を明るくする個人と団体がこの賞を受賞した。第八回受賞者は忠清北道陰城《ウムソン》でトウガラシ農家を営むイ・ジョンミン氏だった。大韓民国新知識人一号にも選ばれた彼は、トウガラシ栽培について研究と実験を繰り返し、国内で初めて日差しや雨をよける屋根をつけてトウガラシを栽培する技術を開発した。収穫量は五倍以上になった。毎年九月に収穫が終わる一般の露地栽培とは違って、翌年二月までトウガラシを収穫することができるからだ。毎年三万人以上の農民が彼の農場を見学に訪れる。大山農村文化賞は名より実を重視する鏞虎の哲学が反映されており、大山農村財団が他の財団と違うことが明確に見てとれる。

鏞虎は初代理事長に就任して財団の基盤を築くと退き、その後は鄭泰炅、柳泰永、李重孝が理事長を務めた。現理事長は呉教哲だ。大山農村財団は、韓国の農村が明るく豊かで幸福な文化の華を咲かせることを切望した鏞虎が民族に捧げた、希望の肥料だ。

## ◉文化の核心、文学を体系的に支援

鏞虎は本を愛し、文学や芸術を愛した。本は彼の人生で師であり友であった。彼は本から得た知識を旅で確認しながら世の中について学び、事業家としての眼目を養った。彼は幼い時に病弱で学校に通えず、若いうちに故郷を出て木浦に移住したので幼なじみが少なかった。大人になってからも故郷を出て中国や韓国各地を歩き回っていたために友達と付き合う暇がなく、知人はたいてい事業をしながら交流ができた人だった。出版文化に愛情と情熱を持つ乙酉文化社の鄭鎮粛社長や、芸術的な趣味の合う月田《ウォルチョン》・張遇聖《チャンウソン》画伯などの芸術家とは親しく付き合った。千日読書をしていた頃、新聞に連載されていた李光洙《イグァンス》や洪命憙《ホンミョンヒ》の小説を読んで小説家を夢見たこともあったし、音楽家であった三番目の兄鏞源に影響されて音楽に親しんだから、鏞虎には芸術家気質があり、芸術を見る目も優れていた。

月田は鏞虎の芸術的眼目を高く評価しており、作品が完成すると鏞虎に見せて意見を聞いた。ある日、アトリエに立ち寄った鏞虎は月田が描き上げたばかりの絵を見て、絵のいっぽうにある余白が重くてバランスが取れていない感じがすると言った。その瞬間、月田は困惑したけれど、じっくり見てみるとその指摘に納得できた。それで芦原のいっぽうに月が出ている絵の、反対側にある余白にコオロギを描いて膝を打った。

「余白を見て重さを感じるとは、慎会長の審美眼はたいしたものです」

「私に絵などわかるものですか。門外漢が見て変なものは、専門家が見ても変なのですよ」

芸術と芸術家を愛した鏞虎は李陸史との縁で、特に詩が好きだった。詩集から選んだ詩を額に入れて飾れるようにデザインして数万部印刷し、すべての役職員と保険設計士に年末のプレゼントとして配ったこともある。そのため、鏞虎が好きな高銀の詩「見知らぬ場所」や「野菊」は教保関係者なら誰でも知っている。

鏞虎はいつも文学者や芸術家たちの創作意欲を高めたいと思っていた。文学に対する愛情は、大山文化財団設立によって結実した。大山農村財団を設立した翌年の一九九二年十二月、鏞虎は大山文化財団を設立した。民族文化育成と韓国文学の世界化を支援するために設立した大山文化財団は、創作文学育成、民族文化振興、国際文化交流増進を創立理念とした。文学を集中的に支援し、体系的で専門性のある文化事業を行う点で他の文化財団とは違っていた。

鏞虎は韓国語と韓国文学の暗黒期であった日本の植民地時代を経験した世代であるから、韓国文学の発展は国力の成長だと思っていた。文学作品には韓国人の情緒が宿っていて、知識だけでなく民族の価値観を植えつけることができる。特に文学は芸術の核心であり精神文化の精髄であるから、文学者に対する支援は韓国人の精神文化を向上させるカギだ。二十一世紀に備えて韓国文学の土壌を固めることは、国民を文化的な民族として生まれ変わらせる事業だと信じた。

教保文庫の入口にノーベル賞受賞者の肖像画を掲げ、韓国人受賞者の場所を空けておいた鏞虎は、何よりもノーベル文学賞受賞者が出ることを念願していた。医学、平和、物理学など他の分野の受賞ももちろん期待しているのだが、文学賞の受賞者が出れば、国民がもっと本を読むようになると考えたからだ。それほど本や文学を大事に思っていた。

発足当時、鏞虎は五十五億ウォンの基金を出し、後に百十六億ウォンに拡張した。初代理事長として鏞虎が選定した韓国文学の発展と世界化のための大山文化財団の主要事業は、大山文学賞、大山創作基金、韓国文学翻訳支援、国際文学交流、大山青少年文学賞の五分野だった。この五つは財団発足以来毎年実行されており、発足の翌年からは海外韓国文学研究支援事業も始まった。支援事業は年ごとに専門化、体系化され、外国文学翻訳支援、全国青少年演劇祭、大山大学文学賞などが追加された。また、ソウル国際文学フォーラムと生誕百周年文学者記念文学祭など、文化界に大きな反響を呼んだ企画事業が定例化された。

大山文学賞は毎年、単行本として発表された詩、小説、戯曲、評論、翻訳（翻訳部門は韓国文学作品の外国語翻訳）を対象に、最も文学性に優れ、韓国文学を代表する作品を選んで授賞している。これまで白楽晴《ペクナクチョン》、柳宗鎬《ユジョンホ》（以上、評論）、李清俊《イチョンジュン》、朴婉緒《パクワンソ》（以上、小説）、高銀、黄東奎《ファンドンギュ》（以上、詩）など、韓国文学の巨匠が受賞した。大山文学賞は賞金が高額であるだけでなく審査過程が厳格で公正であるため、最も権威のある文学賞とされている。特に受賞作を外国語に翻訳出版して外国に紹介することで、韓国現代文学を世界に広めるのに大きく寄与している。

　大山創作基金は将来が嘱望される新進作家を発掘し養成して健全な創作風土をつくるために毎年、詩、小説、戯曲、評論、児童文学の五部門で創作支援金を支給する制度だ。大山創作基金は若い作家が本格的な活動を始める踏み台であり、作品世界が評価されるきっかけをつくる。詩人ムン・テジュン、小説家キム・ビョラ、戯曲作家李潤沢《イユンテク》、評論家ユ・ソンホなど二百名以上の文学者がこの支援を受けた。

　韓国文学翻訳支援は韓国文学の世界化と民族文化の宣揚のために韓国文学作品を翻訳して海外に普及させ、優秀な翻訳家を養成する事業で、英語、フランス語、ドイツ語、スペイン語など世界の主要外国語への翻訳を支援している。ノーベル文学賞のような世界的な文学賞を受賞する可能性がある韓国の文学作品や、前年度の大山文学賞受賞作を翻訳して出版する事業を通して、これまで国際的に知られていなかった優秀な韓国文学が本格的に海外に紹介され始めた。特に、韓国文学があまり紹介されていなかったドイツやフランスなどヨーロッパの国々の読者が韓国文学に接するようになり、韓国文学がノーベル文学賞受賞に一歩近づいた。韓国文学の国際化は国威発揚の契機ともなった。

海外韓国文学研究支援は海外で韓国学（主に韓国文学）を研究している団体や個人を支援し、韓国学研究を活性化するものだ。韓国学研究家を養成し、韓国の文学や文化を世界に知らせ、ロシア語、中国語などさまざまな言語に翻訳紹介する人々を支援した。

国家間の文学交流活性化のための国際文学交流事業としては、国際学術会議、国際文学フォーラム、海外著名文学者招請講演会、海外での韓国文学紹介行事、国家間文学者交流事業などを主管あるいは支援している。韓国文学を世界に広め、海外のレベルの高い文学を発展的に受容するためのこの事業は、一九九三年スウェーデンのストックホルム大学のステファン・ロセン教授招請講演会と討論会を皮切りに、高銀のドイツ五都市巡回講演と作品朗読会（一九九六）など、毎年国内外で文学行事を開催している。特に一九九七年世界的な文豪アラン・ロブグリエの招請講演を契機に、毎年韓国とフランス間の作家交流を定例化するなど、アメリカ、イギリス、メキシコなど世界各国と高レベルの文学交流事業も行っている。

大山青少年文学賞は未来の韓国文学をリードする英才を発掘し育成するための文芸奨学事業で、青少年を対象にした最大の文学賞だ。全国の中高校生を対象に毎年、詩や小説を公募して優秀作を選び、選ばれた学生を文学者と一緒に啓性院で文芸キャンプに参加させ、そこで作文コンクールを行って受賞者を決める。また、受賞者たちの文学的な交流と創作意欲を刺激するために同人活動や同人誌発刊を支援し、この青少年文学賞を受けた文学英才たちが未来の韓国文学を担う人物になれるよう支援している。

一九九五年からは必要に応じて財団が事業を企画し主管できるようにした。企画事業としては解放五十周年記念韓国現代文学シンポジウム（一九九五）、文学の年記念――文学者の姿と物故文学者の肉筆展示会（一九九六）、韓国文学の外国語翻訳国際学術会議（一九九六）、二〇〇〇年を開く若い作家フォーラム（一九九八）、現代韓国文学百年シンポジウム（一九九九）、ソウル国際文学フォーラム（二〇〇〇、二〇〇五、二〇一一、二〇一七）などを開催した。ソウル国際文学フォーラムは世界的に有名な海外の文学者が多数参加して世界文学界の注目を集めた。

一九九九年には一般読者に文学に関する有益な読み物を提供する教養誌『大山文化』を創刊した。大山文化財団は、韓国文学発展と世界化のための専門性の高い事業を体系的かつ持続的に行うことによって社会で高い評価を得ており、鏞虎が作品を愛し、海外に紹介した高銀や黄晳暎《ファンソギョン》、李承雨《イスンウ》といった作家はノーベル文学賞候補に挙がっている。

鏞虎は大山文化財団を設立した翌年（一九九三）、ソウル大学医学部教授を務めていた長男昌宰に、財団理事長に就任するよう勧めた。後進の養成に情熱を傾けていた昌宰は悩んだが、やがて父と教保生命の精神や文化的価値をそっくり受け継ぎ、企業の社会的貢献を推し進めたいと思うようになった。鏞虎は理事長になった息子に自分の事業哲学をよく話して聞かせ、模範的で先駆的な文化財団として運営するよう激励した。昌宰は父の志を受けて現在まで理事長を務め、大山文化財団を、文学を支援し世界的に信頼される文化財団として成長させている。

## ◉持続可能な未来を目指して

韓国は一九八〇年代後半から経済規模が大きくなるにつれ、乱開発による自然破壊や各種のゴミ、工場排水、排気ガスなどの排出が増えて汚染が深刻になった。啓性院を山の稜線と調和するS字形にしたほど自然を愛した鏞虎は、環境破壊や公害を黙って見ているわけにはいかなかった。環境問題を生命教育と結びつけて粘り強く啓蒙し研究しなければならない。環境を破壊すれば人間が生存できないことに全国民が気づいて危機意識を持つようにさせ、子供たちに環境保存の大切さを教え、未来に備えるのだ。民間ではそういった活動をすべきで、統制したり規制したりする物理的な環境保護活動は政府に任せておけばいい。

大山文化財団を設立した翌年、病に襲われて手術と療養で二年ほどを過ごした鏞虎は、韓国教員大学総長を務めた慎克範《シンクボム》を理事長に招聘し、一九九七年四月に三つ目の公益財団となる教保生命教育文化財団（現、教保教育財団）を設立した。五十億ウォンの基金を出し、後に百億ウォン規模に増やす計画を立てた。教保教育財団は教保環境文化賞、環境研究と環境保護事業支援、教師たちの研究支援、中高生の環境作文大会主管、特殊学校に対する奨学事業、そして教育および環境シンポジウム支援を事業目標とした。

教保環境文化賞は環境関連分野で献身的に働いている個人や団体を選抜して授賞した。授賞範囲や賞金では国内初であり最大の総合環境文化賞だ。第一回受賞者は、富と名声を保証された医師という職業を投げうって環境運動に投身した徐漢泰《ソハンテ》博士だ。

環境研究と環境保護事業支援は環境問題研究者たちの意欲を高め、環境作文大会は青少年に環境の大切さを認識させて生命を尊ぶ心と道徳心を育てた。

教育および環境シンポジウム支援は毎回テーマを決めて優秀な個人や団体に研究費を支援し研究熱を高める制度で、事業年度ごとに支援要請を受け付け、審査委員会の審議を経て対象者を選定し支援している。

教保教育財団は発足以来、環境改善と環境教育の種を蒔き、そこから芽が出て茎が育つよう誠意を尽くした。最近では他人に配慮して分かち合いの精神を持ち、生命を大事にする人材を育てることに邁進している。鏞虎はすぐに目につく収穫がないから誰も手をつけようとしないこうした事業こそが国民の、ひいては人類の未来のために重要なことだと確信していた。

三つの公益財団を発足させると、彼の心は軽くなった。難しい手術を受け療養している時に教保教育財団を発足させたことは、個人的にも大きな意味があった。自分の生命が助かった時に誕生した財団なので、いっそう愛着が湧いた。

## ◉保険産業開拓者としての栄誉

鏞虎は自慢することを嫌った。他人の称賛を望みもしなかった。ひたすら創造的な発想を通じて学び考え誠実に働くことだけが企業家の正しい姿勢だと考えた。こうした姿勢で教育保険を創案し、教保生命を創立して会社を発展させるために情熱と真心を捧げてきた。これはあくまでも一人の企業人として創立精神と経営哲学を実現するための努力の結実であって、称賛してもらうためではなかった。だから政府がくれる貯蓄関係の表彰や国民勲章は受けても、大学の名誉博士号は丁重に断った。

しかし世界大学総長会議の王冠賞と国際保険会議の世界保険大賞受賞、世界保険名誉の殿堂入りが決まったと聞いた時には感慨がひとしおだった。百八十年の歴史を持つアメリカの名門アラバマ大学から〈保険の偉大な師匠〉（Insurance Mentor）と〈最高名誉教授〉の称号を授与された時も喜びを隠せなかった。人一倍、プライドと矜持を持って自分のすべてを捧げてきた保険部門で世界最高の賞だったからだ。

一九七六年、世界大学総長会議は世界で初めて開発した教育保険商品で国民教育振興に寄与した功労を高く評価し、鏞虎に王冠賞を授与した。最高の学術権威を持つ世界大学総長会議が、彼の業績を保険業界より先に評価したのだ。

一九八三年には世界の保険従事者と保険学者で構成された国際保険会議が、鏞虎に世界保険大賞を授与した。これは保険関係の賞として世界最高の権威を持つと言われ、保険のノーベル賞と言われる。この賞は一九七二年に制定されて以来、鏞虎が受賞するまでの十一年間に受賞者が六人しか輩出されなかったほど審査が厳しく、三次にわたって厳格な審査が行われた。一次審査で世界各国の保険人から対象者二十一名を選定し、二次審査ではこの二十一名の候補について人物と思想、業績、成功度、貢献度など専門的な評価情報を四カ月間審査して候補者を八名に絞る。そして三次審査でその八名を比較して最終受賞者一名を決定する。鏞虎は審査委員十六名中十五名の支持を得て受賞者に選ばれた。授賞理由は以下のとおりだ。

一、大韓教育保険株式会社を設立した慎鏞虎は世界で初めて教育保険を創案し、現在まで保険一筋に邁進してきた。今後も同様であろう。

二、慎鏞虎は二十四年という短期間で世界的に例を見ない保険事業の質的・量的成長を成し遂げており、今後もさらなる成果が期待される。

三、慎鏞虎は国民教育振興の具現および先進知識の早急な普及のため教保文庫を設立し、教育保険の導入を希望する国に友情のこもった支援と奉仕を無条件で提供している。国際的に素晴らしい結果をもたらすことは明白である。

授賞式は一九八三年六月二十六日から四日間、シンガポールのシャングリラホテルで八十五カ国の保険業界代表と学界人士など八百人以上が集まって盛大に行われた。鏞虎は妻と共に授賞式に出席した。前年度に同賞を受賞したミュンヘン再保険のクラウス・ゲラデボル副会長が金メダルを授与し、受賞を祝ってくれた。鏞虎は副会長に感謝の言葉を述べ、受賞の感想を述べた。

「わが国は朝鮮戦争で苦難の歳月を送りましたが、今では先進国を目指して懸命に努力しています。私は平凡な一国民として教育保険制度を創案し、国民の教育費の負担を軽減しました。親が子供の教育にかける熱意は私の胸に深く刻まれ、わが国の若い世代を教育することが祖国の輝かしい未来を約束する道であると確信するようになりました。また、将来が嘱望される多くの若者が進学し、より良い将来を設計することを見て、ほんとうに嬉しく、誇らしく思いました。保険人として社会に対する奉仕を通じて胸の震えるような経験ができることを、喜ばずにいられましょうか。皆さんの祝いのお言葉と声援は、私の祖国とその保険産業に大きな名誉を与えてくれました。これからも保険本来の使命を果たすために最善を尽くすことを、ここで皆さんに約束致します」

震える声で語る鏞虎の脳裏には、過ぎた日々が走馬灯のように横切った。

授賞式の後、彼にインタビューしたＵＰＩ通信社は「傑出した個性的な保険人」という記事を添えて彼の受賞を全世界に伝えた。帰国すると、会社は各界の著名人七百人以上を招待して受賞記念レセプションを開き、これまで応援してくれた人々に感謝を表した。

その十三年後である一九九六年、鏞虎は国際保険会議の世界保険名誉の殿堂賞を授与された。これは保険の理論と実践の両面で世界的に認められた人士の功績を記念するために制定されたもので、受賞者にはノーベル賞受賞者を呼ぶ時と同様、Laureateという称号が与えられ、写真と功績、経営哲学が世界保険名誉の殿堂に永久に保存される。

授賞式は一九九六年七月八日、オランダのアムステルダムで開かれた第三十二回国際保険会議総会で行われた。国際保険会議名誉委員会委員長リチャード・マレイは鏞虎の功績を紹介し、「既存の死亡保険、健康保険、年金保険、団体保険以外に、世界のどこにもなかった教育保険という独創的な領域を開拓して保険の領域を社会保障という側面にまで拡大発展させた。また、保険市場の不毛地であった韓国に個人保険を定着させて発展させ、保険業界が成長発展するための転換点をつくって国家の近代化発展モデルを提示した業績が、世界的に認定された」と語った。こうして鏞虎は国際保険会議から〈保険のノーベル賞〉と呼ばれる大きな賞を二つとも獲得した。この両方を受賞したのは鏞虎を含めて世界で三人だけだ。

国際保険会議はさらに、一九九七年メキシコで開かれた第三十三回国際保険会議定期総会において、慎鏞虎国際保険学術大賞（Shin Research Excellence Awards）を制定すると公式発表した。総会で国際保険会議会長ディーン・オヘアは「慎鏞虎氏の功労を永遠に記念するためこの賞を制定した」と述べた。この賞は全世界九十二カ国一千三百余りの会員団体の保険指導者と企業代表、著名な学者などが一年の間に発表したすべての保険関連研究論文を対象に、世界的な保険専門家で構成された小委員会が一次審査をして候補論文を選んだ後、最終的に首席審査委員会が選定した六名の最優秀学術論文発表者に授与するものだ。受賞者には所定の賞金と保険分野最高の碩学という栄誉が与えられる。また、研究論文は毎年総会議事録に掲載されて各国の保険関係者、企業家、マスコミ関係者に配布され、保険産業の発展に役立てられる。慎鏞虎国際保険学術大賞は一九九八年に第一回の受賞者を出し、その後も毎年授賞している。鏞虎はこの賞によって保険の歴史に永遠に名を残した。

いっぽう、鏞虎没後に設立された大山慎鏞虎記念事業会は二〇〇六年に大山保険大賞を制定した。保険産業発展と学術研究部門に賞を出すこの制度は、国内保険および保険サービス分野の先進化と国際競争力を高めるのに寄与した個人や団体に与えられる。

一九八三年に鏞虎を〈保険の偉大な師匠〉に選んだアラバマ大学は、一九九四年になると最高名誉教授に格上げした。経営学部教授が推薦して全体教授会議で審査し、「古今東西に類例のない教育保険を創案し開発途上国の教育効率を高めた慎鏞虎の功績は学生たちの亀鑑となる」と推戴理由を明らかにした。百八十年の歴史を持つこの大学で五番目の最高名誉教授だ。直接韓国を訪問し最高名誉教授称号授与式を主管したジョン・ビクリー教授は、鏞虎の功労をこう評した。

「愼鏞虎氏の独創性は他の追随を許しません。みなさんも感じられたでしょうが、この方は常に休まずに新しいものを追求しています。だから国民の知識蓄積と道徳性向上に大きな関心を寄せて教保文庫を創立したのです。教保文庫は青少年の空間だと言われますが、これは世界的にも珍しい教育文化の空間です。他の国のどこにも教保文庫のような文化空間はないと思います。それに、地方都市にも同じような文化空間を造るという話を聞いて、感銘を受けました。愼鏞虎氏は、文化財団だけでなく農村の発展を助ける財団も設立されました。

彼は超人的な意志を持っています。何であれ先頭に立つ機関車です。この精神こそ、教保職員の皆さんに受け継がれて長く発展し国家と社会の原動力になるだろうと信じています」

その言葉は出席した教保生命の役職員に大きな矜持を抱かせた。当時鏞虎は大手術を受けた直後だったけれど、アメリカからわざわざ韓国に来て最高名誉教授にしてくれたことに感謝した。これは世界保険大賞や世界保険名誉の殿堂とは別の栄光だ。アラバマ大学の碩学が自分の業績と経営哲学を教育的なレベルで高く評価してくれたことは、学校に通えなかった鏞虎にとって生涯最高の喜びだった。

一九九六年には金冠文化勲章を受けた。企業家としては初の受章だった。自分で創作活動をすることはなかったものの、一千万人読書人口底辺拡大運動や大山文化財団を通して韓国文学や文化の質的向上に努力した功績が高く評価されたのだ。文壇の長老や芸術家もめったにもらえない勲章を受けたことは感動的だった。文学と芸術を愛し、文学者と芸術家を大切にして支援した結果としての勲章を大事にしたいと思った。

鏞虎の金冠文化勲章受章は文化財団運営の模範的事例を政府が評価したことに意義がある。企業イメージを良くするために形式的に文化財団を設立し、関連団体や行事に賛助金を与える多くの文化財団とは違って、大山文化財団は明白な事業目的と専門的な運営を通じて二十一世紀に韓国文学の競争力を高めた。その結果、韓国文学は質的・量的に向上し、世界に普及するという目覚ましい成果を遂げた。

鏞虎は二〇〇〇年一月、アジア生産性機構（APO）の選ぶ、二〇〇〇年APO国家賞を受賞した。アジア生産性機構はアジア・太平洋地域の生産性向上を図るために一九六一年に発足した経済協力機構で、五年に一度、加盟国および地域からそれぞれ一人ずつAPO国家賞を授賞する。二〇〇〇年当時は十八、現在は二十一の国および地域が加盟している。APO国家賞受賞は保険業界ではなく生産性分野の権威者が鏞虎を経営の先覚者として評価したという点と、アジア・太平洋地域国家の政府に代わるAPOから業績を認められたという点に意義がある。

このほか一九九六年には、延世大学商経学部経営学科の学生が投票で国内経営人の中から選ぶ〈企業の社会的任務を遂行した最も尊敬する企業家〉として、第一回企業倫理大賞を受けた。鏞虎は未来の主人公である学生たちの激励に感謝し、授賞式では四百人以上の学生を相手に特別講義をした。

「企業は社会という大きな枠の中で社会の構成員と共にする共同運命体です。企業の利潤追求は企業の究極の目標ではなく、社会的責任を遂行するための手段に過ぎないと考えています」

学生たちは彼の経営哲学に熱烈な拍手を送った。鏞虎も学生たちの純粋な情熱に、心の中で拍手した。

国内の一部の大学では、鏞虎の経営哲学と企業精神を講義テーマとして扱い始めた。一九九九年、崇実大学が〈慎鏞虎の経済思想と経営哲学〉という講座を開設したのを皮切りに、二〇〇二年には順天郷大学、二〇〇三年には円光大学、二〇〇四年には建陽大学も講座を開設した。

# 第九部

# 果てなき挑戦の道

## ◉がんと診断され、命を懸けた十年

子供の頃に大病から回復して以来、鏞虎は五十八歳の時に交通事故で脚を手術したことを除けば、薬の必要もなく元気に暮らしていた。「人は働かないと駄目になる。働いて死ぬ人はいない」という生活信条が健康の秘訣で、運動は主にゴルフだった。最初は、ぜいたくなスポーツだという社会通念もあったし、時間の無駄遣いのような気がして、周囲に勧められてもやらなかった。しかしゴルフが運動になり、精神衛生にも良く、フィールドに出ているときれいな空気を吸いながら山積された問題をゆったり考えられると気づいてからは、サムスンの李秉喆会長などがメンバーになっている〈水曜会〉や〈七十知友会〉の会員と一緒に、定期的にゴルフをやり始めた。何であれ一度始めれば徹底的にやる性格だから、ゴルフにも熱中した。

健康に自信を持って精力的に老年を送っていた鏞虎を、思いがけず病魔が襲った。一九九三年、七十七歳の時だ。会社の医務室に勤務する金剛石《キムガンソク》博士は、その年三月の健康診断で彼を診察し、どうも変だから精密検査を受けるようにと言い、その言葉を伝え聞いた長男昌宰と長女の夫である咸秉《ハムビョン》文《ムン》が精密検査を手配した。

当時、ソウル大学医学部教授だった昌宰と咸秉文は、同大学医学部の同窓生であり、ハーバード大学付属病院で研究した後に帰国してソウル峨山《アサン》病院胆道外科専門医として勤務している李承奎《イスンギュ》博士を訪ねて精密検査の結果を見せ、意見を聞いた。李博士は、間違いなく肝門部胆管がんだと言った。胆道がんの中でも肝臓とのつなぎ目にある肝門部にできるがんは手術が難しく、成功しても完治しない、生存期間は長くて一年だ。韓国でこの手術を最初に手がけた李博士も、それまで五人しか手術をしたことがなくて自信がないと言い、あれこれ調べた末、名古屋大学医学部の有名な胆道がん専門外科医に手術してもらうことを勧めた。

昌宰は咸秉文と相談したうえ、精密検査の結果を父に知らせることにした。良くない結果だからとぐずぐずしているわけにはいかない。老齢の父には死後に備えて整理することがたくさんあるだろうから時間を与えるべきだ。

息子の説明を聞いた鏞虎は複雑な心境だった。それこそ青天の霹靂だった。自分ががんにかかるとは、夢にも思っていなかったのだ。時折みぞおちの下に痛みを感じてはいたけれど、年のせいだと思って気にしていなかった。だが、心配そうな長男の顔を見ると、結果を受け入れるしかない。医学博士でありソウル大学医学部教授である息子の言葉を信じないでどうするのだ。

「忙しいだろうから帰りなさい。この問題は、もう少し考えて決めるよ」

一人になった鏞虎は、気持ちを静めることができなかった。がんの中でも難しい肝門部胆管がんにかかったなど、認めたくなかった。七十七歳という年齢になっても、死が迫っていると感じてはいなかった。心身とも健康で、ゴルフで十八ホール回っても平気だった。がんは心の中に暗い影を落としたが、鏞虎は教保文庫と教保生命が共同で始める一千万人読書人口底辺拡大運動の準備を点検しながら多忙な日々を送った。

鏞虎が相変わらず仕事をしているので、息子と婿は李博士を連れてきて、病気について再び説明し、手術を勧めた。李博士は、名古屋大学の専門医は手術の経験が豊富でアメリカの有名な医師より成功率が高いから良い結果が期待できると言った。李博士の説明を聞いた鏞虎は、運命の崖に追い詰められていることを実感して目を閉じ、しばらく沈黙した後に言った。

「では、名古屋大学病院で手術を受けましょう。今日から李先生が私の主治医になって下さい……私は先生の言うとおりにします」

鏞虎の目には、命懸けで最後の挑戦をしようという決意が表れていた。手術しなければ一年持たず、手術しても成功するかどうか確信できないなら、このまま死ぬより死と正面対決してみたかった。

手術を受けに行く前、鏞虎は李博士から再び精密検査を受けた。高齢なので手術に耐えられるかどうかチェックするためだ。李博士も日本に同行して手術に立ち会うから、患者の状態を綿密に点検する必要があった。成人病もなく気力が旺盛で、老齢とはいえ手術を受けるのに支障はないという結果が出た。

手術日は五月六日に決まり、鏞虎は日本に渡った。主治医李承奎と昌宰が同行した。手術の前日、彼は息子と二人だけでゆっくり話がしたいと言った。そして手術室に入るまで、言っておきたいと思っていたことを話した。

「ここに来る前も、万一の場合に備えておけと言ったが、手術室に入る前に、もう一度言っておく。手術が失敗しても、お前がいるから大丈夫だ。私に何かあったら、お前が会社に入って私の代わりに教保生命をもっと大きな会社にしてくれ」

「そんな弱気になるなんて、お父さんらしくもない。お父さんの体力と気力があれば、じゅうぶん病気に勝てますよ」

「死の前では謙虚になるべきだ。国民教育振興と民族資本形成という会社の創立理念を忘れるな」

鏞虎は息子の手を握った。教保生命は鏞虎が一九七五年に会長の座から退いて名誉会長となった時から専門経営陣によって運営されていたので、大きな問題はないだろう。特に昌宰は生命を扱う医師だから何事にもきっちりしているし、自分に似て正直で誠実だ。正直と誠実、そして人間を大切にする心構えと医学を通じて得た人間や世の中に対する洞察力で、創立理念を継承し発展させてゆくだろうと思うと、気が楽になった。

五月六日朝、鏞虎は手術室に入った。麻酔専門医である婿も駆けつけ、主治医李博士と共に手術に立ち会った。十時間を超える大手術は一応成功した。しかし手術が終わって一日経つと脇腹に入れたドレナージチューブ（排液管）からの出血が止まらず、その原因である膵臓を切除する手術を受けなければならなかった。麻酔の時間が長く、連続して手術を受けたせいで身体は衰弱し、集中治療室で苦痛と戦った。強靭な精神力がなければ回復できなかったという医者の言葉に、彼は感謝の言葉を繰り返した。

名古屋大学病院で過ごした三カ月は、想像を絶する苦痛の日々を気力で乗り越えた。そんな中でも、頭ははっきりしていた。肉体は老いて力がないので仕方ないけれど、気力で苦痛に勝たなければならないと思い、平安な気持ちを持とうと努力した。心から医師に感謝して医師に命じられたことは何でもきちんと実行し、禁じられたことは絶対にしなかった。医師を信じなければ病気との闘いに勝てないことを、鏞虎は誰よりもよく知っていた。

一般病室に戻って数週間過ごし、少し気力を回復すると、韓国に戻って主治医の李博士がいるソウル峨山病院に入院して治療を続けた。鏞虎は、主治医も驚くほど早く回復した。帰国して三カ月すると、退院してもいいほどになっていた。年齢を考えれば、医師にとっても奇跡だった。鏞虎が退院したのは十一月初めだ。退院する日、主治医に挨拶した。

「命を助けてくれてありがとうございました。一生懸命努力して元気になります」

六カ月ぶりに家に戻った鏞虎の健康はどんどん回復した。妻の献身的な介護と、自身の精神力のおかげだ。ようやく安定した彼は、翌年、塀にレンギョウが咲く頃、ゴルフ場に出た。主治医に言われた運動量を守り、慎重にフィールドを回った。新しく生えた青い芝生が自分の再生を喜んでくれている気がした。冬の間に縮こまっていた生命がよみがえるように、彼の身体も元気を取り戻していた。

手術から二年以上、鏞虎は月に一度、定期検診を受けて軽い運動で健康を回復した。そうしながらも専門経営陣の相談に乗り、自分の経営哲学と創立理念を語ることを忘れなかった。

## ◉知人が一堂に会した傘寿祝い

主治医からもう普通の生活をしてもいいと言われたのは、がんと診断されて三年後だった。周りの人たちが、そんな年でそんな大手術を受けて助かったのは奇跡だと言ったけれど、鏞虎自身は奇跡だとは思わなかった。がんを除去したのは執刀医と主治医だが、鏞虎の節制と努力も大きかった。主治医の指示を守り、精神の健康のために暇さえあれば好きなクラシック音楽を聴いた。主治医の許しを得て会社の仕事を始めてからも、こうしたことはきっちり守った。

昌宰と教保生命役員は鏞虎の回復と傘寿（八十歳）を祝うパーティーを開きたいと言った。それまでは、還暦はもちろん古稀も祝宴は開かず、長兄の長男と一緒に先祖の墓参りをしただけだった。鏞虎が虚礼虚飾を嫌っているのを知っているから、許しを求めたのだ。鏞虎は子供たちだけでなく会社の役職員たちも、祝いの席を設けられなくて申し訳なく思っていることを知っていた。傘寿を祝わなければ、自分が死んだ後に子供たちが罪の意識から抜け出せないかもしれない。鏞虎は、最初で最後だから招待すべき人はすべて招待してちゃんとやれと命じた。重病から回復した人の傘寿の祝いだ。少々派手でも陰口を聞く人はいないだろう。

一九九六年九月二十三日、新羅ホテルで開かれた祝宴には財界、官界、学界、文化界、知人など多数の人が出席し、彼の健康と長寿を祝った。国際保険会議のジョン・マイヤーホルツ会長も出席して祝辞を述べてくれた。鏞虎は来賓に挨拶した。

「わが社の創立理念である国民教育振興と民族資本形成を、より大きく成し遂げることが国家と社会に恩返しをすることですから、死ぬ瞬間まで努力します。そして私が死んでも子供たちに必ず創立理念を継承して、より大きく成就しろと遺言するつもりです。だから、私があの世に逝った後もご指導、ご鞭撻のほど、よろしくお願いいたしします」

遺言のような言葉に、会場が静まりかえった。特に父の志を受け継いで、医師の道を歩く代わりに会社経営に関わらなければならない昌宰は、責任の重大さに唇が乾いた。祝い客は鏞虎の言葉を噛みしめて沈黙した。

静寂を破ったのは、画壇の長老であり、鏞虎の旧友である月田・張遇聖画伯だ。見事な銀髪の画家はマイクを握って祝辞を述べた。

「今日、八十歳でぴんぴんしている大山の姿を見ながら、人間の勝利と生きがいとは何かを再び考えさせられました。〈松茂柏悦〉という言葉があります。松の木が茂れば柏の木が喜ぶという意味です。友人の一人として喜ばしい気持ちで、大山の健康と長寿を祈って拍手を送ります」

続いて音楽が演奏された。鏞虎は重要無形文化財第五十七号である李春羲《イチュンヒ》の京畿《キョンギ》民謡やパンソリを聴き、李秉喆会長と定期的に国楽鑑賞会を開いて「興夫歌《フンブガ》」などを聴いたことを思い出した。しかし彼は十年前に世を去っていた。自分ももう死を受け入れる準備をしなければならないと思った。死ぬのは怖くない。人生七十古来稀なりと言うのに、八十まで生きたではないか。教保生命と教保文庫を成功にさせ、生涯の願いをかなえた。公益財団もちゃんと機能している。後は、江南教保タワーを竣工させるだけだ……。鏞虎は高銀の詩「野菊」を思い浮かべた。

行く場所がある者は
なんと幸福なことか
帰る場所がある者は
なんと幸福なことか

こつこつと足音を立てて帰る道
心の奥で
空も遥かな
高みにあるだろうか

先祖代々の山の麓
畑の畝の端っこ
そこでふと手招きする
何とも名づけようのない
野菊
一輪
一輪の花と共に
なんと幸福なことか

鏞虎の目にうっすらと涙が溜まり、霧の中から月出山が姿を現した。月出山に行く道は、どこも野菊がいっぱい咲いていた。

鏞虎の健康が再び危うくなった。名古屋大学病院で手術を受けた八年後の二〇〇一年、突然体調を崩した彼は、主治医の勤務するソウル峨山病院に再び入院して検査を受けた。再発を心配していたがんが、肝臓に転移していた。人一倍情熱と感謝の気持ちを持って誠実に暮らしながらも、心の片隅で常に心配していたことが現実になった。主治医は年齢からすると手術は難しいから高周波治療を受けるようにと言った。

毎日の高周波治療は苦痛だった。特殊な針を腫瘍に刺して高熱でがん細胞を殺すという最新の治療法は、局部麻酔をするから治療している間はたいして痛くはないが、終わって病室に戻るとひどくつらかった。だが鏞虎は黙ってまた病魔と闘い始めた。最後の瞬間まで最善を尽くすのが、病気に対する抵抗というより、生命を守ろうとする人間としての誠実な姿勢だと考えた。

主治医は一生懸命治療に当たった。結果は良好で、腫瘍をなくすのに一応は成功したけれど、長期間の治療で体力がひどく落ちていた。若い人でもつらい高周波治療の苦痛に気力で耐えるのは限界があることを、鏞虎はよくわかっていた。退院する日、鏞虎は支えてもらわなければ歩けないほど衰弱していた。主治医はちゃんと養生すれば気力を取り戻せると言ったけれど、今度は回復できないという予感がした。家族の表情にも希望の光は見えなかった。再発したがんは、若い人でも六カ月か一年以上は生きられないという医学的通念を知っていたからだ。それに、自分はもう八十五歳という高齢なのだ。

城北洞《ソンブクトン》の家に戻った鏞虎は部屋に入る前、リビングの椅子にしばらく腰かけていた。みすぼらしい木の椅子だ。円形の背もたれが腰のあたりまでしかない小さな椅子で、オフィスでも愛用していた。ふかふかのソファに座ると気持ちが緩むと思ってこの椅子を愛用してきたおかげで、鏞虎は座っていても立っていても姿勢が良かった。一人でいる時はこの椅子にきちんと座って考えにふけり、客に会う時も、相手はソファに座らせて自分はこの椅子に座って話をした。鏞虎は座ったまま庭の左右にある松の木を眺めた。そしてその向こうに聳える南山の麓に視線を移した。庭にある十数本の松は、彼が最も愛していた木だ。これからは松の木を友として病気と闘うしかない。

翌日からは椅子にきちんと座って庭の松や南山を眺めて考えにふけり、音楽を聴いて休むことにした。ショパンやバッハも聴いたけれど、レコードをかけ替えるのが面倒なので、ラジオをＦＭのクラシックチャンネルに合わせておいた。リビングに入るたび、美しいメロディーの森の中に入る心地良さがあった。毎日午前に〈国楽の香気〉という一時間番組があって、好きなパンソリも時折聴けた。生まれて初めて時間を気にせずに好きな音楽に浸った。妻と昔話をして談笑するのも楽しかった。

午後は本を読んだ。目がかすんで自分では読めないからアルバイトの学生に毎日一、二時間ほど本を読ませた。学生が帰ると、その日に読んでもらった本の内容を思い返して思索にふけった。堅苦しい本よりもエッセイや瞑想録をよく読み、感銘を受けた本は何十冊も買っておいて、見舞いに訪れた人たちにプレゼントした。

主治医の指示に従って薬を呑み、運動もした。運動は南山の麓が見える松の庭をゆっくり歩く程度だったけれど、それすら大変だった。音楽で心を浄化し、読書と思索で頭の、散歩で身体の運動をしながら病気と闘う日々が続いた。

主治医が余命六カ月と見積もっていることに気づいてはいたものの、鏞虎は一生懸命やれば一、二年は生きられるかもしれないという希望を持っていた。どれほど残っているかわからない猶予期間にみっともない生き方をしないよう、最善を尽くそう。江南に建てている教保タワーの竣工と、その地下に入る国内最大の教保文庫江南店オープンを自分の目で見たいという希望を捨てることはできない。彼は図面を広げて思いにふけり、工事の責任者を呼んで進行状況を訪ねた。二〇〇三年春には建物が完成し、教保文庫もオープンできるという。

(その時までは生き延びなければ……)

余命六カ月なのに二年持ちこたえなければならないと思うと、不安になった。だから時間を守って薬を服用し、運動も一生懸命して体力を維持するよう努めた。

いつしか冬が過ぎ春になった。庭の芝生が生気を取り戻し、日差しが暖かくなった。高周波治療を受けて退院して十カ月過ぎたが、身体は良くも悪くもならなかった。六カ月の命だったのが一年近く持ちこたえたのだ。月に一度の検診でも特に変わりはなかった。検診を受けるたびに異常なしと言われると嬉しくて、主治医である李博士に感謝した。

「ありがとうございます。これからも頑張ります」

鏞虎は落ち着いて人生を締めくくろうとしていた。縁のあった人たちに感謝を伝え、家に招待して食事をしながら昔のことを語り合った。そして会社や子供たちのことを頼んだ。特に一九九六年十一月に入社して経営修業をした後、数年前に教保生命会長に就任した昌宰には人生や事業の経験について洗いざらい伝えた。

「お前には重い責任を負わせてしまったな」

「……」

昌宰はいつも強かった父にそう言われて、粛然とした。

「医者も教師も事業家も人間を大切にして、人の才能を発揮させるのが務めだということを覚えておきなさい」

「いつもそう思っています」

「経営者は木を見る人ではなく、森や山を見なければならない。小さなこともおろそかにしてはいけないが、常に遠くを見渡して会社を引っ張っていくべきだ」

高みから遠くを見るハゲタカ型の指導者こそ、鏞虎の考えるリーダーだ。

再びつらい冬が過ぎ、春になった。江南教保タワーの竣工と教保文庫江南店のオープンが五月三日に決まったという報告があった。高周波治療が始まってから二年になろうとしていた。鏞虎はその日を待った。

## ◉道はいつでもどこにでもある

生涯最後の作品として心血を注いだ江南教保タワーの竣工を自分の目で確かめた鏞虎は幸福だった。彼は役員たちを招集した。気力が残っているうちに教保生命の未来を語りたかった。昌宰を始めとする役員たちは、なぜ呼ばれたのかよくわかっていた。傘寿祝いの席で語った遺言を、もう一度ゆっくり言い聞かせるのだろう。

「教保生命を創業して四十五年経ち、会社も壮年になりました」

鏞虎はいつになく穏やかだった。創立当時を回顧するように、しばらく目を閉じた後、目を開いて役員の顔を一人ずつ見た。

「教保生命は私の分身でした。もちろん皆さんの分身でもあるでしょう。最後に一つお願いがあって皆さんに来ていただきました。教保生命は全職員の夢を育てる土壌であり、人生の幸福を花咲かせる栄養素です。どうか教保生命を皆さんの若さと知恵と情熱の溢れる場所にして下さい」

鏞虎は久しぶりに強い姿を取り戻していた。

鏞虎は、教保生命は教育保険でスタートし、すべての人が逆境で挫折しないよう助ける使命を持つようになったと言った。そしてそれを実践するための方法として、顧客中心の精神、正直さと誠実さ、チャレンジ精神を挙げた。この三つは彼の人生哲学であり座右の銘だ。世界初の教育保険を創案して国民教育を支援し、民族資本形成によって韓国経済の跳躍を助けた彼の人生は、教保生命の歴史そのものだ。

最後の希望をかなえ、自分の哲学をすべて伝えたからだろうか……。夏になると次第に気力が衰えてきた。睡眠薬を呑んでも眠れず、思考力も衰えた。二年前の検診で脳の断層撮影をした主治医が、脳組織は健康な六十代の若さだと言っていたけれど、考えが持続しないことを自覚するようになった。八月になると読書も中断し、週に一、二度作家と対談していたのもやめた。お気に入りの椅子に座って松の木を眺め、音楽を聴くこともできなくなった。衰えはもはや隠しようもなかった。

微かな意識に母の姿が何度も浮かび、幼い頃、病気と闘いながら眺めていた月出山が幻影のように広がった。竹林から故郷の家に吹きつけていた涼しい風を感じた。北京で、人生の師であった慎甲範と李陸史と一緒に飲んだ酒の香気が鼻をくすぐった。震えながら陸史に独立資金を渡した夜の月光が彼を包んでいた。

世を去る時が来たと感じた鏞虎は、目を閉じて静かに最後の瞬間を待った。そして思った。この世に生まれて自分なりに最善を尽くしたという安堵感と、国に役立つ事業をするために一生を捧げたという満足感で、心身が安らいだ。

清明な秋空が広がった二〇〇三年九月十九日。鏞虎はソウル大学病院の病室に横たわっていた。鏞虎の胸に聳えていた月出山が霧に覆われてゆき、幼い鏞虎は汗を流しながら消えようとする山を追いかけた。その後ろ姿が、次第にかすんでいった。

午後六時一分、鏞虎は深い眠りにつくように静かに目を閉じた。八十六年と四十八日間の、挑戦と創造の生涯だった。

生命保険協会会長裵《ペ》 賛柄《チャンビョン》は「わが国金融経済を救った金融界の巨木が倒れた」と言ってその死を惜しんだ。多くの人が弔問に訪れた。国際保険会議会長パトリック・ケニーなど、外国からの弔問客もあった。弔問客は鏞虎の生き方について語り、思い出を分かち合った。姜元龍《カンウォニョン》牧師は、忘れられない三つの事件を回想した。

「民主化運動をしている時、アカデミーハウス（一九六三年、ソウル近郊に対話や学習の場として造られた韓国キリスト教長老会の建物で、民主化運動の拠点の一つとなった）に現金を送って下さいました。企業の経営者が政権ににらまれたら会社もご自身も危険にさらされるのに、勇気のある行動だと思いました。二つ目は、教会を建てている時、巨額の献金をいただいたことです。ご自分は仏教なのに、宗教の壁を超えた広い心の持ち主でした。三つ目は、〈世界老人の年〉に独居老人の実情を知らせるためのビデオ制作に三千万ウォンを快く出して下さったことです。一度電話でお話ししただけなのに、知り合いの社会運動家の計画を聞いて、無条件で寄付して下さったのです」

詩人高銀は鏞虎の人生について、「この方は、人間というより一つの完璧な芸術作品です。そうでなければ、すべてを拒否する存在でしょう。こんな方がもし芸術分野にいたら、驚くべき芸術世界を開拓したはずです」と語った。

月出山に生まれ北漢山の麓で世を去った鏞虎の遺体を乗せた車は、命懸けで守った教保生命ビル、最後の作品であった江南教保タワーを経て忠清南道礼山《イエサン》に埋葬された。鏞虎の遺体は一握りの灰になってしまったが、彼と共に教育保険の歴史をつくり、二十一世紀のグローバル時代に教保生命の未来を開拓した人々は、その経営哲学と人生観をしっかり胸に焼きつけた。

韓国と世界の保険の歴史に永遠のレジェンドとなった彼が葬られた日、教保生命ビルの前に掲げられた千祥炳《チョンサンビョン》の詩が、人々の胸に沁みた。

風にも道はある
私はようやく私の道を行く

道はいつでもどこにでもある

大山・慎鏞虎は風となって別の世へと旅立った。

（了）

プロフィール

著者── 鄭麟永《チョンイニョン》

小説家。1933年忠清北道沃川《オクチョン》生まれ。成均館大学国語国文学科を卒業し『現代文学』に小説「行く道のない地平」などを発表して作家としての活動を始めた。主な作品に「アダムの限界」「汚れた翼」「黄色循環台」「囚人の季節」などの短篇と、長編『孫』などがある。

監修── 金正出《キムジョンチュル》

1946年青森県生まれ。1970年北海道大学医学部卒業。

現在、美野里病院（茨城県小美玉市）院長。医療法人社団「正信会」理事長、社会福祉法人「青丘」理事長、青丘学院つくば中学校・高等学校理事長も務める。

著書に『二つの国、二つの文化を生きる』（講談社ビーシー）、訳書に『夢と挑戦』（彩流社）などがある。

翻訳── 吉川凪《よしかわなぎ》

仁荷大学国文科大学院で韓国近代文学を専攻。文学博士。

著書に『朝鮮最初のモダニスト鄭芝溶』、『京城のダダ、東京のダダ―高漢容と仲間たち』、訳書に谷川俊太郎・申庚林『酔うために飲むのではないからマッコリはゆっくり味わう』、鄭芝溶『むくいぬ』、呉圭原『私の頭の中まで入ってきた泥棒』、崔仁勲『広場』、李清俊『うわさの壁』、金恵順『死の自叙伝』、朴景利『完全版　土地』など。

キム・ヨンハ『殺人者の記憶法』で第四回日本翻訳大賞受賞。

# 道《みち》がなければ道《みち》を切《き》り拓《ひら》きつつ行《ゆ》く

世界《せかい》で初《はじ》めて教育保険《きょういくほけん》を誕生《たんじょう》させ、
教保文庫《キョボぶんこ》・大山文化財団《テサンぶんかざいだん》を創立《そうりつ》した
慎鏞虎《シンヨンホ》

2023年6月30日　初版第1刷発行

著　者　鄭麟永（チョン・イニョン）
監　修　金正出
訳　者　吉川凪
ブックデザイン　三好誠［ジャンボスペシャル］
ＤＴＰ　アロン デザイン
印　刷　中央精版印刷株式会社

発行人　永田金司　金承福
発行所　株式会社 クオン
〒101-0051
東京都千代田区神田神保町1-7-3 三光堂ビル3階
電話　03-5244-5426
FAX　03-5244-5428
URL　http://www.cuon.jp/


ISBN 978-4-910214-55-9 C0023
万一、落丁乱丁のある場合はお取替えいたします。小社までご連絡ください。